子どもの養育の社会化

——パラダイム・チェンジのために——

安川悦子・髙月教恵　編著

安川悦子・髙月教恵・加納三千子
八重樫牧子・高橋　実・大庭三枝　著

御茶の水書房

序にかえて

──「子どもの養育(教育・保育)」観のパラダイム・チェンジと「養育の社会化」──

安川悦子

1

「幼保一元化」あるいは「幼保一体化」といわれる問題が、政治の舞台で議論されはじめて10年になる。就学前の「子どもの養育（教育・保育）」を社会的に担ってきた「幼稚園」と「保育所」という二つのシステムを一つにまとめようという動きである。少子化の急激な進行と「家庭」での「子どもの養育」機能が劣化したことが背景になって、1990年代中頃から「子育て支援」のための多様な施策が提案されてきた[1)]。1994年には「エンゼルプラン」[2)]が発表され、1997年には「児童福祉法」の改正によって市町村の「保育所への入所措置」義務が廃止され[3)]、「幼稚園」と「保育所」を隔ててきた壁が取り払われた。2004年から2005年にかけて「就学前の教育・保育を一体として捉える一貫した総合施設」の必要が検討されるようになり、2006年には「幼稚園」と「保育所」を一体化した「認定子ども園」の設置が、法的に認められたのである。

しかし、明治いらいの長い歴史をもつ就学前の「子どもの養育（教育・保育）」にかかわる社会的システム──「幼稚園」と「保育所」──の二重構造は、容易に解消されるものではなかった。そこには、明治以来、つまり日本の近代社会が成立して以来作り上げられてきた「子どもの養育」観や固有の「養育システム」の伝統がまつわりついていたからである。少子化や「子育て家族」にたいする危機意識だけでは、「子どもの養育」のための新たな社会的システムを構築することはできない。いま問われているのは、これまでの「子どもの養育」観のパラダイム・チェンジであり、「養育の社会化」システムの再構築なのである。

日本で近代的な学校教育制度が布かれたのは、明治維新直後の1872（明治

5）年であった。その4年後の1876（明治9）年には「東京女子師範学校附属幼稚園」が開園されている。近代的な「幼稚園」教育のはじまりである。「保育所」は、それから四半世紀近くも後の1900（明治33）年に東京四谷のスラム街に貧困階層の子どものために創設されたのが、ほぼ最初であったといわれる[4)]。

それから百年の間、日本における就学前の「子どもの養育（教育・保育）」は、「幼稚園」と「保育所」というこの二つのシステムによって担われてきた[5)]。「幼稚園」は、近代化の道をひた走る日本の社会の富裕層や中流市民の子どもたちを対象とした教育システムとして成立し拡がり、そして保育所」は、昭和のはじめ、層として現れる都市労働者や貧困層の子どもを預かる託児施設として広がり発展した[6)]。とりわけ日本の軍国主義化がすすむ1930年代以降、都市にも農村にも数多くの「託児所」が生まれた。奥むめをが東京の墨田区に「婦人セツルメント」の託児所を開設したのは1930（昭和5）年であり、平田のぶが東京の江東区に「子供の村」を開設したのは1931（昭和6）年のことであった[7)]。

1945年、敗戦とともに日本の社会は、「大日本帝国憲法（明治憲法）」（1889年発布）の世界から「日本国憲法」（1946年公布）の世界へと大きく転換した。家族という点からみれば、男性の家長が支配する「家父長家族」から、平等な男女が婚姻して築く「平等家族」への転換である。「日本国憲法」のもとでは、すべての人の基本的人権、思想、信教、学問の自由が認められ、政治の仕組みも大きく変化した。しかしそれにもかかわらず「子どもの養育」観については基本的に変化しなかった。どちらの憲法も、国家を構成する細胞は、婚姻した男女が営む「家族」であると措定し、その「家族」の中で「子どもの養育」は行われるべきものだとされていた。旧民法の全面的改正によって制定された新「民法」では、「夫婦は同居し、互いに協力し扶助しなければならない」（第752条）とされ、子どもの「親権」は「父母」にあり（第818条）、その「父母」は「子の監護及び教育をする権利を有し、責任を負う」（第820条）とされている。

家族を構成するメンバーの「人権」という観点から見れば、「日本国憲法」のもとでの新「民法」は「明治憲法」の世界から大きく変化したが、「家族」

が「子どもの養育」の基本的な場であると措定する点では、変わらなかった。旧「民法」のもとにある「家父長家族」では「良妻賢母」が、新「民法」のもとにある「平等家族」では「専業主婦」が、家事を仕切り、「子育て」の責任を負うものと見なされているからである。「幼稚園」は、こうした「家族」の中で女性が行う子育て、つまり「家庭教育」を補う場だとされていた点も変わらなかった[8)]。満3歳から小学校就学前までの幼児を「保育し、適当な環境を与えて、その心身の発達を助長する」ことを目的とする（「学校教育法」第77条）「幼稚園」は、こうした文脈の中にある。

「児童福祉法」（1947年公布）における「保育所」も、基本的には「幼稚園」と同じ土壌の上に置かれていた。「子どもの養育」の場は「家族」にあるという土壌である。しかし「保育所」が対象とした子どもたちは、「幼稚園」とは反対に、こうした「家族」という養育の場が不十分であるか、それに欠けている子どもたちであった。「保育所」は、「病気」あるいは「労働」のために子育てに専念できない母親の子どもを、市町村などの自治体が「保護」し「措置」するところであった。「幼稚園」で想定されている子どもの「家族」像がポジであるとすれば、「保育所」の子どもの「家族」像はネガであった。「保育所」あるいは「託児所」は、「正常な」家族をもたない生活困窮者を対象とする「生活保護法」（1946年）との関わりでとらえられ、これまでずっとその文脈の中に置かれてきた。

「児童福祉法」の成立の事情についてみれば、この問題はもっと明白である。そもそもこの「児童福祉法」は、戦時中に多くの親を失った子どもたちの救済をはかる「児童保護法」として構想されていたという[9)]。これらの子どもには、なによりも第1に、子どもの「養育」の責任をもつ「父母」が欠けている場合が多い。こうした子どもたちを「保護」する。つまり「国および地方公共団体」がこれらの子どもたちの「養育」責任をとるということが求められた。「すべて国民は、児童が心身ともに健やかに生まれ、且つ、育成されるよう努めなければならない」。「すべての児童は、ひとしくその生活を保障され、愛護されなければならない」からであった。こう表明された「児童福祉法」第1条は、「日本国憲法」における「生存権や国の社会保障的義務」（第25条）とならんで、今もなお光りを失わない理念であるといえる。

こうした理念のもとに制定された「児童福祉法」の第39条において「保育所」は、「日日保護者の委託を受けて、乳児または幼児を保育することを目的とする」ところとされた。ただし保育を委託できる保護者は、「労働又は疾病等の事由により、その監護すべき乳児、幼児……の保育に欠ける（傍点、安川）」と認められる場合にかぎられていた[10]。そしてこの「保育に欠ける」と認められた乳幼児に対しては、「市町村」が「保育所に入所させて保育しなければならない」、つまり市町村に「措置」義務があるとされていたのである[11]。

この条項の中でもっとも重要なのは、「保護者の労働又は疾病」により、「保育に欠ける」時には、市町村などの自治体は、「保育所」を用意しなければならないとされたところであった[12]。どのような理由であれ、女性が労働をすれば、子どもの養育をどうするのかが問題になる。この「児童福祉法」は、「すべての国民は、勤労の権利を有し、義務を負ふ」（第27条）と認めた「日本国憲法」のもとにあるのだから、「保護者」の「労働」をポジティヴなものと見なし、市町村が負う「保育所」設置義務を、もっとポジティヴに打ち出してもよかった。しかしそうした視点は、ここには認められない。女性は権利としてではなく、生活のためにやむなく働くのだから、そして働いているから子どもを家庭で育てられず、やむなく子どもを「措置」してもらって「保育所」に入れる。「児童福祉法」における「保育所」規定は、こうした文脈の中に置かれていた。「日本国憲法」第27条にもかかわらず、女性の労働が、ポジティヴにとらえられるようになるには時間を要した。1979年国連で決議された「女子差別撤廃条約」（1979年国連決議）が日本で批准される1985年まで待たなければならなかった。

この「児童福祉法」24条と39条における「保育所」規定は、しかし、現実に「働く女性」の「子育て」の場を確保するのに大きな役割をはたした。1960年代から70年代にかけて、日本でも現実に働く女性が増え、子どもたちの「養育の社会化」を求めて保育所づくり運動が盛り上がった。「保育所」の設置が、市町村自治体という公的なところに責任があるとしたこの「児童福祉法」第24条は、「子どもの養育」の社会化の重い扉をあけるカギとなった。「女子差別撤廃条約」が求める「子どもの養育」の社会的責任を具体化する手がかりは、ここにある。この「児童福祉法」における「保育所」規定、つまり自治体の措置義務としての「保育所」設置は、そのもつ主観的な意図をこえて、働く女性にとって、つまり女性の労働権保障という観点からみてポジティヴな意味をもつことになったのである[13)]。

2

21世紀に入って、「幼保一体化」にむけての法的整備が進み始めた。2006年には「認定こども園」を設置することが認められ（「就学前の子どもに関する教育、保育等の総合的な提供の推進に関する法律」）、同じ2006年には、「教育基本法」が改正されて、その第11条に、「幼児期の教育」には、「幼稚園、保育所における教育、また地域社会における教育が含まれる」とされた。はじめて「教育基本法」の中に「保育所」の幼児教育における役割が記述されたのである。2008年には「幼稚園教育要領」の改定、そして2009年には、「保育所・保育指針」の改定が行われ、それぞれが培ってきた固有の教育・保育内容がすりあわされ、一つにまとめられる道筋が整理された。2009年には、「幼稚園」と「保育所」の依ってたつ組織的な違い（「幼稚園」は学校法人、「保育所」は社会福祉法人）、また経営体の違いによって決められている「会計基準」の違い、職員資格や待遇（幼稚園教諭免許と保育士資格）の違い、行政の窓口の違い（文部科学省と厚生労働省）などを一つにする法的、行政的な整備が図られた。そしてこうした流れの総まとめとして、2012年8月に、子ども・子育て新システムにかかわる三法案（「子ども・子育て支援法」「総合こども園法」「関係法律の関係整備法（児童福祉法第24条などの一部改正を含めて）」が、国会で可決され、2015年には「消費税10パーセント」とともに実施されることが決まっている[14)]。

こうした「幼保一体化」への法的・行政的な整備にもかかわらず、「幼保一体化」への道は、ますます複雑化し混迷を深めている。なぜだろうか。戦前からの「子どもの養育」の二重システムを支えてきた「学校教育法」と「児童福祉法」の部分的手直しやすりあわせでは解決しえない根本的な問題が、そこにはよこたわっているからである。

今日の「幼保一体化」の法的・行政的な整備の動きは、天動説にもとづいて天体の運行を説明しようとする努力にも似ている。子どもの「養育」をめぐるこの二つのシステムを法的にさまざまに調整してみても、それぞれのシステムの矛盾やほころびが目立つだけで、現実的なシステムにはならないのである。天体の運行を説明するのに、「プトレマイオスの天動説」から地動説へのパラダイム転換、つまり「コペルニクス的転換」が必要であったように、「幼保一体化」にもコペルニクス的なパラダイム転換が必要である。

どのようなパラダイム転換なのか。それは、「福祉国家」という20世紀を支配した「家族」や「国家」についてのパラダイムの見直しと強く結びついている。20世紀は、「戦争（二つの世界戦争）」と「福祉国家」の世紀であった。日本を含めて欧米の「国民国家」は、「国民」を護るために、対外的には「戦争」を行い、国内的には国民の「福祉」を図った。そしてその「国民」は、夫が家庭の外で稼ぎ、妻は家庭の中でケア（家事）労働をするという「性別分業家族」を意味していた。「国家」は、こうした「家族」を守り、「家族」のメンバーはパンの稼ぎ手である男性によって護られる。この「夫がパンの稼ぎ手」家族が、うまく機能しなくなったとき、「国家」は保護の手をさしのべる。夫を失った女性（寡婦）や子どもにも「国家」からの「保護」の手がさしのべられ、「高齢者」や「障害者」も同じような理由で「保護」される。「弱者」とよばれるこれらの人たち、「女性」「子ども」「高齢者」「障害者」たちが「保護」され「救済」される。これが「福祉国家」であり、20世紀をつうじて、そのための社会システムが作り上げられてきたのである。

しかし、この「福祉国家」における「弱者」たちが反乱をはじめた。20世紀の最後の25年間は、こうした「弱者」たちの「反乱」による「見えない革命」の時代であった。その最初の反乱が「女性」たちの「反乱」であった。1975年の国連が提唱する「国際女性年」と、高まりつつあるフェミニズム運動に後押しされて、女性たちの「反乱」が始まった。1979年には、国連総会で「女子差別撤廃条約」が決議され、世界の各国はその批准を迫られた。日本も1985年にこの条約に批准をしている。政治的にも、経済的にも、社会的にも、文化的にも、女性と男性は平等であり、いかなる差別的な扱いも認められないことが、ここでは高らかにうたわれている。

なかでも決定的であったのは、女性たちの人権、とりわけ女性を含めたすべての人の人権として「労働の権利」がうたわれたことである。「女子差別撤廃条約」の第11条は、「雇用の分野における女子にたいする差別」の禁止をうたったところで、「すべての人間の奪い得ない権利としての労働の権利」が明記されている。これより33年も前に、日本では、「日本国憲法」第27条において、「すべての国民は、勤労の権利を有し、義務を負ふ」という高い理念が認められていた。この条文を文字通りに読めば、女性にも男性にも、そして障害者や高齢者にも、「勤労の権利」がみとめられてよいはずなのだが、当時は、この条項は、労働者の労働条件の確保や失業の救済の問題としてのみ、とらえられていた。労働が人権の根幹をなすというポジティヴな意味で受け取られることはなかった。

労働が権利であり、人権であるという問題提起は、1960年代にはじまる女性運動、とりわけベティ・フリーダンらを筆頭にしてうまれてきたアメリカのフェミニズム運動によるところが大きい。そこでは、白人・中産階級の「専業主婦」として暮らしていた女性たちの「マイホーム」が、座してただ死を待つだけの「強制収容所」だと批判され、働いて社会に参加することが、こうした「疎外」状況から抜け出す道だと説明された。人はみなすべて社会にでて働く権利があるというフェミニズム運動の主張は、多くの女性たちの共感を呼んだ。これが「女子差別撤廃条約」に労働権条項が取り入れられた背景である。

女性に働く権利があるとすれば、これまで女性の固有な仕事とみなされてきた「子育て」はどうなるのか。「女子差別撤廃条約」では、この問題について、「子育て」の社会的責任を主張している。これまで「子育て」は、子どもを生む性としての女性のもつ「母性」に固有のものだとされてきた。その「子育て」を、「母性」から切り離したのである。これは、「女子差別撤廃条約」のもう一つの革命的な提案であった。その前文にいう。「出産における女子の役割が差別の根拠となるべきではなく」とした上で、「子の養育には男女および社会全体が共に責任をおうことが必要」であると。

女性をふくめてすべての人の「労働の権利（義務ではない）」と子育ての「社会的責任」、この二つの項目を含み込んだ「女子差別撤廃条約」は、20

世紀に発せられた多くの人権宣言や憲法の中でも、時代を画するものであった。「男性市民」の人権のみを宣言した18世紀末のフランス革命の「人権宣言」が、19世紀から20世紀にかけて、多くの「近代国家」の憲法に影響を与えたことに比していえば、「女子差別撤廃条約」は、21世紀の普遍的な人権理念となるはずのものである。事実、「女子差別撤廃条約」が決議された10年後の1989年に、国連で決議された「子どもの権利条約」（日本は1994年に批准）においても、1991年の「高齢者のための国連原則」においても、そしてまた2006年の「障害者の権利条約」（日本政府の署名は2007年、2013年12月に批准）においても、「労働は人間の権利」であるという理念が、多様な表現であるが表明されている。これまで「弱者」として「福祉国家」の中で保護されてきた「女性」や「子ども」や「高齢者」や「障害者」は、すべて、それぞれのもつ能力を社会の中で発揮して、自立した人間として社会の中で生きる権利をもつ。これまで「弱者」とされてきた人たちの「人権」がこう認められたのである。

子どもの「養育」にかかわるパラダイム・チェンジの転換軸は、ここにある。これまで子どもの「養育」の担い手としてのみ見られてきた「女性」も、社会の中で働いて生きる権利がある。その権利を認めることは、これまで「女性」の専業の仕事とみなされてきた「子どもの養育」が、「社会の仕事」となることを意味した。子どもの側から言えば、子どもは、「親の子ども」ではなく、はじめから社会の中で生きる一個の「人間」なのであり、そうした「人間」として「育つ権利」を持っている。「子どもの権利条約」をささえるこうした理念にもとづいて、あらためて「子どもの養育」の問題を考えてみたらどうなるか。「保育所」と「幼稚園」のシステムは、こうした女性と子どもの人権にかかわるパラダイム・チェンジ、つまり「養育の社会化」のための新たな理念によって再構築されなければならない。再構築された世界はどのようなものなのか。その基本骨格だけははっきりしている。子どもの養育は個別の「家族」によるのではなく、「社会」全体が担うもののということを大前提にすることである。

3

子どもが「人間」として育つには、どのように環境を整えなければならないか。「子育て」ではなく「子育ち」の環境を社会的にどう整えるか。こうした問題意識を共有して、私たちは、研究会をもった。ほぼ1年にわたる研究の成果が本書に収録された論文である。

第1の安川論文は、近代社会の成立期に生まれた「男性の人権宣言」は、女性を社会の構成メンバーから厳しく排除するものであったこと、そのことにたいする女性の側からの強烈な異議申し立てが、フランス革命期にあったことを明らかにし、それをふまえて、真の意味での、歴史上初めての、女性の「人権宣言」が、1979年に国連で決議された「女子差別撤廃条約」であったことを明らかにしたものである。

第2の高月論文は、1925（大正14）年という早い時期に、「倉敷紡績会社」で合理的な工場経営と労務管理をおこなった大原孫三郎とその妻・大原壽恵子が、保育所「若竹の園」を開園した、その歴史的事実と大原孫三郎の経営理念を紹介したものである。この保育所「若竹の園」は、「倉敷紡績」で働く労働者の子どもだけでなく、倉敷の地域社会の乳幼児たちに開放された、1日12時間の保育を行う「保育所」であった。しかもその保育環境は、いわゆる「託児所」とは大きく異なっていて、当時、中流市民階級の子どもに用意されていた「幼稚園」の水準を遙かに超えるものであったことを明らかにしている。子どもが社会的に「育つ」とはどういうことか、そしてどのような環境が必要なのかを考える上で、この保育所「若竹の園」は、大きな問題提起をしているといえる。

第3の加納論文は、この保育所「若竹の園」の設立にあたって、大原孫三郎に影響をあたえた高田慎吾の「養育の社会化」論の紹介である。「大原社会問題研究所」で活躍する「児童の養護問題」の研究者であった彼は、イギリスやアメリカの貧困児童の「養育」制度について研究し、それがどのようなものでなければならないかについて、大原夫妻に具体的にアドバイスをした。1920年代というこの時期に、高田のこうした言説は、きわめて斬新なものであり、子どもの「養育」の社会化への理論的な装置としてきわめて先見の明があったことを明らかにしている。

第4論文の八重樫論文は、大阪釜ヶ崎にある「こどもの里」を取り上げている。キリスト教カトリック教会とボランティアによって維持されてきた「こどもの里」の活動の紹介である。子どもの「養育」の基礎条件とされてきた「親」や「家庭」が欠けた状況におかれた子どもたちが、どのように社会的に「養育」されるか、あるいは「社会的共同親」の役割を果たす「こどもの里」を支えた理念はどのようなものかという問題を明らかにしている。

第5の高橋論文は、日本における障害乳幼児の「養育」にかかわる施策の歴史的展開を分析したものである。戦前において障害乳幼児の「養育」問題は、日本の子どもの社会的「養育」問題からほとんど全く欠落していた。戦後、これらの子どもたちは、ノーマライゼーション理念の登場とともに、普通の子どもたちと同じように、同じ場で、「養育」される必要があるとみなされるようになり、しかも障害もふくめてそれぞれの子どもの「個性」を尊重するインクルージョン理念をかかげた「保育」理念（これを高橋は「でこぼこ」保育と名付けている）の登場を明らかにしている。子どもの「育つ権利」という観点が、障害乳幼児の保育を考える上で、きわめて大きな意味をもつという問題が提起されている。

第6の大庭論文は、フランスの「保育学校」をとりあげている。3～5歳児のほぼ全入を実現しているフランスの幼児教育制度がどのようなものかを明らかにし、知育中心の小学校化する現行のプログラム（カリキュラム）内容にたいするフランスの「公立保育学校教員協会（AGEEM）」からの批判的提案を、紹介分析している。そこから子どもの「育ち」を中心にする子ども主体のカリキュラムとはどのようなものか、それを問い直す視点がでてくる。

4

女性の「働く権利」と子どもたちの「育つ権利」、これを中心軸にすえて「子どもの養育」を社会化するにはどうしたらよいのか。こうした観点に立って、ほぼ百年の歴史をもつ日本の「子どもの養育」システムをどう変革していくのか考えてみる。「幼保一体化」は、こうした変革の一つの方向ではあるが、その変革の基本軸はいま混迷している。

この変革の基本軸はどのようなものだろうか。「人権」、とりわけ女性の「働く権利」と子どもの「育つ権利」を手がかりにして、「養育」の新たな社会的システムの構築を考えてみる。こうした問題設定にたいして、いま私たちが提示できる答えは、きわめて限られている。

しかし、1925年に創立された保育所「若竹の園」の90年になろうとする歴史と実践は、一つの重要な答えを用意してくれる。それは、女性の労働と子どもの社会的保育を結びつけた歴史的実践であるというだけではなく、大正時代の末にたてられたこの園舎は、それをとりまく庭園とともに、子どもたちがどのような環境の中で「育つ」ことがよいのかを考える上での手がかりを与えると思われるからである。この園舎を設計した西村伊作は「……小さくて美しい、感じのよい、家庭のやうな建物と庭を作りたいのです。……百姓家のやうな家でもよいから……さっぱりとした感じのものにしたい……。家屋よりも庭園に心を用ひ、……樹木で包まれて居るように……したい」とのべたという。こうした園舎で、1日12時間の保育が、優れたスタッフのもとで行われている。

こうした環境が、人間として生まれてきた日本の子どもたちすべてに用意されるにはどうしたらよいか。「養育の社会化」問題を考えるにあたって、いま改めて問われなければならないのは、ここのところである。

注

1）この間の経緯については、普光院亜紀『日本の保育はどうなる —— 幼保一体化と「こども園」への展望』岩波ブックレット No.840、岩波書店、2012年を参照。

2）正式には、「今後の子育て支援のための施策の基本的方向について」というタイトルでの文部省、厚生省、労働省、建設省の大臣合意文書（1994年2月）。ここでは、「子育て支援を企業や地域社会を含め社会全体として取り組むべき課題と位置づける」とされ、今後10年を目途としての取り組みのための視点が明らかにされている。具体的には、「子育てと仕事の両立支援」と「多様な保育サービスの充実」をはかることが柱とされ、1. 保育システムの多様化・弾力化、2. 低年齢児保育、延長保育、一時保育事業の拡充、3. 保育所の多機能化のための整備、4. 放課後児童対策の充実などの施策の柱があげられている。

3）「児童福祉法」の第24条が改正され、保育所は、社会福祉的な「措置施設」ではなくなり、親が保育所を選択して申し込むことができる利用システムとなり、収入に応じた保育料ではなく、受益に応じた保育料とされた。

4）四谷に開設されたこの「二葉幼稚園」以前にも、幾つかの託児所がすでに開設されていたことが明らかにされている。湯川嘉津美『日本幼稚園成立史の研究』風間書房、2000年を参照。

5）太田素子「序章 『家』の子育てから社会の子育てへ ―― 幼稚園・保育所の登場と日本の近代社会」（太田素子、浅井幸子編『保育と家庭教育の誕生 1890 － 1930』藤原書店、2012年所収）18ページ以下参照。

6）1926（大正15）年には「幼稚園令」が制定され、これは学齢以上の子どもたちの教育の場である小学校と同じ系譜にある「教育」機関として認定された。これにたいして、託児施設は救貧対策とみなされて、内務省の管轄のもとに置かれていたが、1938（昭和13）年に厚生省が創設されて、「社会事業法」のもとにおかれるようになった。

7）託児所の拡がりについては、宍戸健夫『日本の幼児保育 ―― 昭和保育思想史』上、青木書店、1988年、第2章、63ページ以下を参照。

8）「学校教育法」の成立過程において、原案を作成する段階で、文部省は、戦前からの伝統をひきついで、幼稚園の目的の中に、幼稚園は「幼児を保育し、その心身を健全に発達させ、家庭教育を補い併せて普通教育の素地を培うことを目的とする」という文案を提案したが、これが結局修正されて「家庭の補助機関」「学校の準備期間」という性格は明記されなかったという（宍戸健夫『日本の幼児保育 ―― 昭和保育思想史』下、青木書店、1988年、34ページ）。

9）宍戸健夫、前掲書、23ページ。

10）1951年には、この条項に、「保育に欠けるその乳児」という文言が挿入された。ついで1954年には、急増する入所希望に対処するために、「保育に欠ける」状態を、保護者の就労が必要な状態と厚生省は定義し、生活に余裕がなくて働かざるをえない保護者の子どもに入所を絞る政策をとったという（普光院亜紀、前掲書、9ページ）。

11）この「児童福祉法」24条にみられる市町村の「措置」義務は、1997年の「児童福祉法」の改正において排除された。「市町村長は、……保育に欠けるところがあると認めるときには、それらの児童を保育所に入所させて保育しなければならない」という文言を、「市町村は……保育に欠けるところがある場合において、保護者から申し込みがあったときは、それらの児童を保育所において保育しなければならない」という文言に変更された（市町村の措置制度から保護者と市町村との利用契約制度へ）。

12）「児童福祉法」が成立した当初は、この24条には「但し、付近に保育所がない等やむを得ない事由があるときは、この限りではない」と規定されていたが、2年後の1949（昭和24）年には、「この限りではない」という文言が改正されて「その他の適切な保護を加えなければならない」とされて、「保育所」設置について市町村長の義務的性格が明確にされている。

13）「児童福祉法」の制定にかかわった当時の厚生省の担当官は、「児童福祉法」は、全体として「弱者救済」のような倫理主義的な人道主義的な色彩をもっているが、この「保育所」の規定のところだけは、「社会政策的」あるいは「労働力」政策的な色彩をもつものだと認識していたという。宍戸健夫自身も、「このような保育所の規定は、戦前の社会事業法（1938年）における『託児所』や戦後の『生活保護法』（1946年）における託児事業とは質的に異なるものをもっていた」（宍戸健夫、前掲書、24ページ）と説明している。

14）2015年に実施される予定の「子ども・子育て新システム」は、「すべての子どもの良質な成育環境を保障し、子ども・子育て家庭を社会全体で支援することを目的として、子ども・子育て支援関連の制度、財源を一元化して新しい仕組みを構築し、質の高い学校教育・保育の一体的な提供、保育の量的拡充、家庭における養育支援の充実を図る」ものだと政府（内閣府、文部科学省、厚生労働省）は説明している。しかしこのシステムの特徴、つまり問題点は、子ども・子育て支援の制度や施設がきわめて複雑になっており、しかも子どもが親の就労状況によって、種別化されるということである。

つまり、これまでの幼稚園と保育所の機能や役割がそのままこのシステムに含み込まれ、しかも働く母親の子どもの養育を、これまでと同じように「福祉」の枠組みでとらえるために、親による「保育」必要度の認定という制度が導入される。つまり、利用者の保育必要度（保護者の就労有無と就労時間）の違いによって、利用できる保育システムが異なり、その必要度は市町村の認定によって決まるとされている。

「介護保険」のもとで、高齢者が介護の必要度を認定されて、さまざまな介護施設で介護を受けるように、子ども・子育て支援では、親（保護者）の子育て支援の必要度が認定され、それに応じて、子どもは、どのような制度（施設型保育か地域型保育かなど）を利用し、どのような保育を受けるかが決まる。保育の必要性は、1号（3歳以上で親による保育に欠けない子ども）、2号（三歳以上で親による保育に欠ける、つまり親が働いている子ども）、3号（3歳以下で、親による保育に欠ける、つまり親が働いている子ども、しかも親が短時間就労か、長時間就労かによって異なる）の三つの種類に分けて、どのような保育を受けたらよいのかが認定されるということになっている。

こうした子どもの「区分わけ」という考え方は、子どもは等しく人間として養育（教育・保育）される権利があるという子どもの人権の観点から見て、いちじるしく逸脱するものと思われる。

子どもの養育の社会化

目　次

目　次

子どもの養育の社会化

——パラダイム・チェンジのために——

第1章　女性の人権と「子どもの養育」*

――「女性および女性市民の権利宣言」(1791年)から「女子差別撤廃条約」(1979年)へ――

安川悦子

はじめに

「人は、自由、かつ権利において平等なものとして生まれ、生存する」。フランス革命議会がこうした文言ではじまる「人権宣言」を採択したのは1789年8月のことであった。このフランス革命の「人権宣言」は近代的市民国家の基本理念として実現すべき普遍的な理念である。これまで私たちは、そう教えられ、そう教えてきた。

しかしこのフランス革命の「人権宣言」には、人権の主体たる「人」について大きな誤解がまといついていた。ここで表現されている「人」は、生きとし生ける男女すべての人間を意味しているわけではなかった。この「人権宣言」のフランス語の正式のタイトルは、「男性（homme）及び男性市民（citoyen）の権利宣言」とされている。女性や女性市民を含み込まない明確な言葉で表現されている。しかもこのタイトルが示すように、この「男性」は「市民」であることが要件であった。第13条と第14条に示されているとおり、それは、租税を納める能力をもつ男性、そして第2条や第17条にみられるように所有すべき財産をもち、その権利が「神聖で不可侵」なのだと言い切れる男性、つまり治めるべき「家」と財産を持つ男性のことを意味していた。

フランス革命が起きたとき多くの女性たちは、男性たちとともに「人権を手に入れるために革命運動に参加したと記録されている。しかし革命が進むにつれて、女性は政治の表舞台から排除されはじめ、ついには1804年、革命を収拾したナポレオンが制定した「フランス民法典」に見られるように、法的に女性は人権をもたない「無能力者」とされ、父親や夫に従属する存在だと規定された。女性の居場所は男性が支配し代表する「家父長制家族」の中であるとされ、女性は、市民国家を構成する公のメンバーから排除されたのである。

フランス革命の「人権宣言」は人類の普遍的理念であるどころか、女性や財産をもたない男性を排除する「差別」の人権宣言であったのである。しかしこの「差別」は、市民革命とともに成立する近代市民国家に共通する特徴であった。イギリスの名誉革命における「権利章典」(1689年)も、それから百年後のアメリカの独立宣言(1776年)も、治めるべき「家」の代表者である男性の人権を表明したものであった。

女性も男性と同じように人権を持つ主体だと現実に認められるようになるには、長い歴史の時間が必要であった。フランス革命からおよそ二百年のちの1979年、ニューヨークにある国連の総会で「女子に対するあらゆる形態の差別の撤廃に関する条約(女子差別撤廃条約)」が採択された。これが最初の、そして包括的な「女性の人権宣言」であった。フランス革命の「人権宣言」を「男性の人権宣言」と呼ぶことができるとすれば、この「女子差別撤廃条約」はまさに「女性の人権宣言」であった。しかもこの「女性の人権宣言」は、女性も男性も含み込んだ(そして高齢者も障害者も含み込んだ)包括的な「人権宣言」への新たな地平を切り拓く手がかりを指し示すものでもあった。その手がかりとは何か。「女子差別撤廃条約」成立への道のりをたどりながら、この問題を明らかにしたい。

1　グージュの「女性および女性市民の権利宣言」(1791年)における「女性の人権」

フランス革命の「男性および男性市民の権利宣言」のもつセクシズムをいちはやく批判したのは、フランス革命のまっただ中で男性たちとともに新しい社会の実現を求めて活動していた女性たちであった[1)]。こうした女性たちの一人であったオランプ・ドゥ・グージュが「女性および女性市民の権利宣言(女性の人権宣言)」を発表した。1791年のことである。これは1789年の「男性および男性市民の権利宣言」のパロディという体裁をとっていたが、フランス革命をはじめとする市民革命のもつセクシズムへの強烈な批判でもあった。

しかしこの「女性の人権宣言」は、革命の進行とともに女性たちを革命の舞台から閉め出す動きの中で、封印され、パリの国立図書館の奥深くにしまい込まれた。グージュが歴史の闇の中からひきだされて光をあびるのは、二百年近くもたった1960年代中頃のことであった[2)]。

グージュの「女性の人権宣言」は、前文と17ヵ条からなる「男性の人権宣言」とまったく同じ構造をなしていた。女性も男性と同じように自然権（自由、所有、安全および圧政への抵抗の権利）をもち、その自然権を行使するために市民国家を形成し、それを維持するために男性と同じように租税を納める。こう認める点でも「男性の人権宣言」と同じであった。

しかし「男性の人権宣言」とくらべてグージュの人権宣言は、人が人権の主体となることへの覚悟において際立っていた。とりわけ第10条の「言論の自由」と第13条の「納税の義務」にかかわる条項においてこれは明白である。グージュはこれらの条項で、男性と同じように女性も、言論の自由をもち、政府を維持するために租税を負担する義務があると認めるのだが、その第10条で次のように記している。「女性は、処刑台にのぼる権利をもつ。同時に、女性は、その意見の表明が法律によって定められた公の秩序を乱さない限りにおいて、演壇にのぼる権利をもたなければならない」と。女性は死刑になる権利があるという記述は（事実彼女はロベスピエールによって「反動」だとして死刑にされてしまう）、市民国家を構成する市民の人権の意味とその重さを、男性よりもはるかに自覚していたことをあらわしている。

グージュはまた、第13条で市民が人権を守るために国家を形成し、その国を維持するため「公の武力の維持および行政の支出」の必要を認め、その費用としての租税を男性と平等に負担することを認めている。さらにこれにつけ加えてグージュはいう。租税を支払うのが女性の権利なのだから、「女性は、（男性と）同等に、地位・雇用・負担・位階・職業に参加しなければならない」と。市民は納税の義務があるという市民国家の人権の枢要ともいえるこの人権を、グージュは男性の人権宣言と同様に認めた上で、男性市民の人権宣言が語らなかった「労働」つまり職業をえて収入をえる権利をこの条項につけ加えている。女性も社会に出て職業につき収入をえて租税を納める。これが女性の人権なのだというのである。

女性の人権にたいするグージュのこうした覚悟は、同時代の女性たちにあまり理解されなかったと、グージュの伝記を書いたオリヴィエ・ブランが指摘している。グージュの「女性の人権宣言」は、「すべてが首尾一貫していて、同時に革新的なプログラムを成していた」のだが、そのためにフランス革命に参加した同時代の女性たちにあまり受け入れられなかった[3)]。「人権」の主体となることへの壮絶ともいえる「覚悟」は同時代の女性たちの受け入れるところではなかった。それが女性の権利だと普遍的に認められるようになるには、1979年の「女子差別撤廃条約」を待たねばならなかった。

2 「女性の人権」における新たな課題——「女子差別撤廃条約」へのみち

オランプ・ドゥ・グージュが夢見た「女性の人権宣言」がパロディではなく現実のものになる道は遠かった。「女子差別撤廃条約」が決議されるまでにおおまかに見て200年の年月を経ているのだが、この200年の歴史のうち、はじめの百年は男性労働者たちの人権が現実のものになる百年であったとすれば、後の百年が女性の人権が現実のものになる歴史であったとみることができる。

女性の政治的人権とりわけ女性参政権は、イギリスやアメリカでは第一次大戦直後の1920年代に、そしてフランスや日本では第二次大戦直後の1940年代に、現実のものになった。多大な人命を犠牲にした戦争にたいする反省が、こうした女性の政治的人権の獲得を後押ししたことは間違いない。

しかし「女性の人権」の歴史は、これで終わったことを意味しなかった。新たな人権の獲得の努力が、これまでのような国民国家の枠組みの中ではなくて、グローバルな枠組みである国連を舞台にしてはじまったのである。第二次大戦直後、戦争の反省を踏まえて、人々は平和な国際社会を建設し人権を尊重する世界を築くために、国際連合（以下、国連と略記）を結成した。この国際連合が主要な仕事として取り組んだのが、「人権」問題であった。1945年の「国連憲章」では、「基本的人権と人間の尊厳および価値と、男女及び大小国の同権」がうたわれ、1948年の国連が決議した「世界人権宣言」では、人は、「何人も、人種・皮膚の色・性・言語・宗教……というようないかなる種類の差別も受けることなしに、この宣言に掲げられているすべての権利と自由とを享有する権利を有する」と宣言している。包括的で崇高な人権理念が戦争の反省をふまえて国際的に合意されたのである。

人権の尊重にたいするこうした国際理解が進む中で、1952年には、国連の「女性の地位委員会」の主導によって、「女性の政治的権利に関する条約」が採択されている。当時、女性参政権が認められていた国は、国連に加盟していた51カ国のうち30カ国にすぎなかったため、こうした決議が提案され、女性の政治的人権の確立を国連加盟各国に促した。これまでそれぞれの国の中で展開されてきた女性参政権運動は、この時から一挙にグローバル化する。グージュが夢見ていた「女性の人権」確立の課題は、ナショナルな課題からグローバルな課題になるのである。

「女性の人権」の課題が、政治的人権をこえて新たな地平を目指すようになるのは、第二次大戦による混乱から世界が回復しはじめた1960年代になってからであった。この時代は、日本を含めて欧米の先進資本主義諸国では、戦時中、「銃後」を守るために社会で働きはじめた女性たちが、戦後復興経済をささえるために層をなして働きはじめ、「労働力の女性化」が誰の目にも明らかになりはじめた時代であった。この「労働力の女性化」こそが、政治的人権の確立を目指してきた「女性の人権」確立の運動に、新たな課題をつきつけたのである。

この課題には、二つの問題領域が含まれていた。一つは、雇用労働の場での女性労働問題であり、もう一つは、妊娠・出産という女性の生物学的機能のゆえに、伝統的に「女性の領域」だとみなされてきた「家」――ジュリエット・ミッチェルの言葉を借りればWoman's Estate [4)]――の問題であった。どちらの問題も、これまでの伝統的研究（経済学や社会学など）枠組みでは無視されるか学問研究の対象外とみなされてきた領域に光があてられ、その構造（女性を抑圧する）が分析されたのである。研究枠組みのパラダイム・シフトが始まった。

第1の女性労働をどうとらえるかという問題についていえば、これまで女性労働は、産業革命期のイギリスにみられるように、児童労働とともに劣悪な労働条件のもとに働く哀れな女性であり、「母性」を犠牲にして働く女性たちをどう保護するかが課題だとされてきた。19世紀をとおして女性や子どもの労働をどう保護し規制するかが問題にされてきた。エンゲルスの『イギリスにおける労働者階級の状態』(1845年) は、それについての格好の資料とされ、できれば女性は本来の居場所 (家) にいるべきであり、それが理想だとみなされてきた。工場法の制定は、こうした惨めな状況におかれている女性や子どもを保護するための方策と見なされてきた。

しかしこうした女性労働研究が1970年代ごろから変化しはじめる。研究の主題が女性労働の「保護」から女性労働の「権利」にシフトし始めるのである。女性労働をどう保護するかではなく、女性と男性の平等労働をどう実現するかという問題にシフトし始めたのである。女性の雇用労働の平均賃金は、どの国においても男性の半分以下であり、雇用条件についていえば、女性は圧倒的に不熟練底辺労働についていた。雇用の不安定なパートタイマーは女性が圧倒的に多く、日本でいえば、終身雇用、年功序列賃金、企業内福祉にめぐまれた「日本型企業システム」のラインに乗ることが出来るのは男性労働者であって女性労働者ではなかった。また多くの場合女性は労働組合の組織からもはずされていた。

1960年代から70年代にかけての「労働力の女性化」は、こうした雇用労働におけるセクシズムに照明があてられ、その実態がフェミニストの研究者たちによって明らかにされはじめた時代であった。女性労働にたいする差別の禁止が政治課題になり、アメリカでは1963年に「同一賃金法」、1964年には人種差別や性差別を禁止した「公民権法」が成立し、1965年には平等な雇用計画を積極的にすすめる「大統領行政命令 (アファーマティヴ・アクション)」が出されている。イギリスでも、1970年には「同一賃金法」が、そして1975年には、包括的に性差別を禁止する「性差別禁止法」(雇用、教育などにおける差別の禁止) が成立している。フランスでも、1972年に労働法典が改正されて男女同一賃金法が成立し、オーストラリアやカナダでも1970年代に雇用平等法や同一賃金法が成立しているのである[5)]。

こうした平等労働を実現するための各国の努力を背景に、「女性の人権」

問題は国連の舞台にのせられた。すでに1967年に「女子差別撤廃宣言」を採択した国連は、1975年を「国際女性年」と定め、「平等・発展・平和」をテーマにした世界会議を開き、女性たちに行動をおこすよう呼びかけたのである。国連の経済社会理事会のもとに置かれていた「女子の地位委員会」が改めて「女子差別撤廃条約」を作成することを決め、その草案が1979年国連総会で採択されたのである。

女性の雇用労働の平等は、しかしこうした法律や宣言だけでは保障されない。問題は別のところにあると、この条約の原案を作成した委員会は考えた。これまで暗黙の了解事項とされてきた「女性の領域（家族）」こそが、その不平等な女性労働問題の核心にある。男性の賃金は家族を養うにたる賃金なのに、女性の賃金は自分一人を養うのにぎりぎりの生存賃金である理由は、ここのところにある。1970年代から80年代にかけて、層をなして登場してくるフェミニスト経済学者や社会学者たちが、この問題に取組み、このように解析したのである。これまで暗黙の前提とされてきた「女性の領域」の構造分析をはじめた。そしてこの「女性の領域」つまり性別役割分業に支えられた「家」こそが、性差別を生み出す根源なのだとフェミニスト経済学者や社会学者は説明したのである。

これより早くアメリカのジャーナリストであったベティ・フリーダンは、1963年、『女性の神話』[6)]を発表して多くの女性たちから共感をえていた。それは、アメリカの白人中産階級の、子育てを終わった専業主婦たちの悩みをルポルタージュしたものであった。彼女たちの多くが「名前のない病気」にかかっている。彼女たちはいま、あたかも「居心地のよい強制収容所」にいるようだ。ユダヤ人であるフリーダンは、ナチスによるユダヤ人の「強制収容所（concentration camp）」のイメージを重ねながら、座してただ死を待つだけの人間がどんなに疎外された状況におかれているかを、想像させる筆致で、こう説明したのである。女性たちはいまや労働の現場で労働の不平等に悩むだけではなく、「家庭」という「女性の領域」においても労働を奪われて悩んでいる。フリーダンが描く労働を奪われ、人間としての生きる確証を失った女性たちの姿は、アメリカの多くの女性たちの共感を呼んだ。女性を賃金労働から解放する砦、つまり人間性を回復する砦だとこれまでみなされてきた「女性の領域」が、実は人間性を喪失する場である。女性を抑圧する場としての「女性の領域」の発見は、「女性の人権」問題を考える「カギ」となった。それは、イギリスやアメリカに見られるように、女性が政治的人権を手に入れてすでに半世紀近く経っているのに、なぜ男女平等社会が築かれないのかという問いに答える手がかりになったからである。「女子差別撤廃条約」は、この問題に踏み込み、その最初の手がかりを明示した。「女子差別撤廃条約」が「女性の人権」についての新たな高みに立つことができたのは、ここのところにある。

3 「女性の人権宣言」としての「女子差別撤廃条約」(1979年)

「女子差別撤廃条約」は6部構成、30条から成っている。その第1条で説明されているこの条約の基本理念は、オランプ・ドゥ・グージュの「女性の人権宣言」の理念と同じものであった。女性は「政治的、経済的、社会的、文化的、市民的その他のいかなる分野においても」、男性と平等であり、男性と平等な「人権及び基本的自由」をもち、それを行使することができるというのである。

しかしそれにもかかわらずこれは、グージュの「女性の人権宣言」と大きく異なる特徴をもっていた。その第1は、グージュの「女性の人権宣言」を含めてこれまでの多くの人権宣言とちがって、この「女子差別撤廃条約」の実効性にたいする多大な配慮がなされていたことである。30条からなるこの条文のうちの半分ちかい条文（第17条から30条まで）が、この条約の実効性を担保する条項である。この条約を締結する各国にたいして、女子に対する差別を認める国内法を整理し、また個人レベルにしろ、企業や団体レベルにしろ、女子にたいする差別を実施するものにたいして是正措置をとることを義務づけ、「条約」を確実に遵守するために各国がこれを批准することを求めている。しかも国連加盟国のうち20カ国がこの条約に批准したときに、この条約の効力が発揮するとされ、また「女子差別撤廃条約にかんする委員会」を国連内に設置して、条約の実施状況を見守るとしていた。

第2の特徴は、190年前、グージュは、気がついてはいたがそれ以上に深めることができなかった二つの問題――「女性の雇用労働」と「母性」の問題――を正面から取り上げ、その問題解決のための具体的な方策を提示し、そこに絡まりつく「性別役割分業」のイデオロギーの解体を迫っていることである。

第1の雇用労働問題について見てみると、先にも述べたように、すでに欧米各国で具体的に立法化されていた男女の平等労働にかかわる法律をふまえて、第11条で、雇用機会、職業選択、平等賃金などの項目を具体的にあげて、まだこれらの平等法をもっていない国々に立法化を迫ったことである。「労働力の女性化」が進んだいま、これらの問題は、女子差別撤廃の要の位置にあると見なされたからである。

しかし、これらの具体的な雇用労働における平等条項は、第11条の冒頭、つまり第1項のaに、「すべての人間の奪いえない権利としての労働の権利」とうたわれる条文が置かれ、それによってこの女性労働条項は一つにまとめられている。すべての人間が、つまり男性も女性も（高齢者も障害者もという意味合いも含めて）、社会の中で労働することは、義務ではなくて人間の奪いえない基本的人権なのだと、ここでは明言されているのである。

たしかにこれまでも労働は、近代社会を築く上で重要なカギになるとみなされてきた。しかし200年近くまえ、グージュが女性の人権として女性の雇用や職業に言及したとき、それは、人権の証としての租税を負担する手段としてであった。近代的人権思想を支えたロックやルソーにとっては、労働は自分の労働にもとづく生産物を所有する権利、労働収益権であり、20世紀になって成立した社会主義国の憲法では、労働は国民の義務であった。第一次大戦後ドイツにできたワイマール共和国の憲法では、それは政府が国民を失業させない義務だとされていた。国連の創設と同じ年に公布された日本国憲法でも、労働は国民の権利であり義務であるとされている。人権をささえる基軸になる労働観は財産獲得の手段か、義務だとおおむねみなされていたのである。労働それ自体が人間の権利なのだとポジティヴに捉えられたのは、「女子差別撤廃条約」がはじめてであったといえる。「人権」をとらえる軸が逆転しているのである。

「女性の人権宣言」としてこの条約が新たな局面を切り拓くと思われるも

う一つの項目は、「母性」問題がとりあげられ、その問題解決の道が指し示されたことである。「母性」(妊娠・出産とそれにまといつく女性的機能)は、長い間、女性を無能力者として「家」の中に閉じ込める理由とされてきた。この条約は、およそ200年まえ「母性の苦痛の中にある」と記述したグージュから大きく一歩踏み出して次のように記述している。条約の前文において、「母性の社会的重要性並びに家庭及び子の養育における両親の役割に留意」し、「出産における女子の役割が差別の根拠となるべきではない」とした上で、「子の養育には男女及び社会全体が共に責任を負うことが必要である」と。

これまで「母性」は、女性の自然的機能にもとづくもので、女性から切り離すことができない特性であるとされてきた。「条約」は、この「母性」を二つの機能、つまり妊娠・出産の機能=「母性の身体的機能」と、子の養育(子育て)機能=「母性の社会的機能」の二つに分けてとらえることを提起し、「母性の身体的機能」については、十分な保護を、そして「母性の社会的機能」については、「男性」を含めて「社会全体」が責任を持つものだとしたのである。これまで女性を囲い込み縛ってきた「女性の領域」の解体の道筋が具体的に指し示されたといえる。

おわりに

「女性の人権宣言」としての「女子差別撤廃条約」が国連で決議されてすでに30年が過ぎている。日本では、この条約を批准するために女性にたいする差別的な規定をもつ国内法(国籍法)が改正され、雇用の平等を推し進めるための「雇用機会均等法」が制定され、教育における男女差別の教育が是正され(家庭科の男女共修)、これを踏まえて1985年にこの条約を批准した。

人権の歴史上はじめてだといえる「女性の人権宣言」が、国連をとおして国際条約の形で現実のものになった今、私たちは何を課題にすべきだろうか。労働はすべての人間の権利であるという「女子差別撤廃条約」が掲げた理念は高い。これをどう現実のものにしていくか。これが理念のままにとどまり、現実のものにならない限り、女性の人権の真の意味での実現は成立しないであろう。労働は女性の権利だけでなく男性の権利でもある。そしてまた、1991年に国連で採択された「高齢者のための国連原則」に見られるように、労働と自立は高齢者の権利でもあるのである。

19世紀末、イギリスの詩人ウィリアム・モリスは「喜びとしての労働」を実現するためのユートピア社会を構想した[7)]。そこには男の仕事も女の仕事も存在しなかった。労働の平等が労働の喜びとともに実現している社会であった。これをどう現実のものにしていくのか。「女性の人権宣言」がきりひらく地平は、道のりは遠いがその姿は明確になっているのである。

注

1）テロワーニュ・ドゥ・メリクールは、1792年、次のような演説を女性たちに向かって行った。「私たち女性が、徳においても勇気においても、男性にひけをとらないことを、男性たちに示そうではありませんか……。男性の無知、傲慢、不公平が、女性たちを長いあいだ隷属させてきましたが、今こそ、私たち女性が、恥ずべき無能さから脱する時が来たのです」と。オリヴィェ・ブラン『女の人権宣言 —— フランス革命とオランプ・ドゥ・グージュの生涯』（辻村みよ子訳、岩波書店、1995年）235ページに引用。

2）オランプ・ドゥ・グージュについては、日本では比較的早い時代に、水田珠枝『女性解放思想の歩み』（岩波新書、1973年）によって紹介されている。「女性および女性市民の権利宣言」の翻訳と解説は『法律時報』（48巻1号、1976年1月）に辻村みよ子が書いている。

3）オリヴィエ・ブラン、前掲書、251ページ。

4）Mitchell, Juliet, *Woman's Estate,* London, 1971.（佐野健治訳『女性論 —— 性と社会主義』合同出版、1973年）。

5）社会政策学の分野で女性労働の研究のテーマがドラスティックに転換しはじめたのもこのころである。かつては、女性労働を研究するということは「女性の母性保護」の研究をすることであったのが、1970年代を境にして労働の平等の問題の研究が主要なテーマとされるようになった。イギリスでみればミシェル・バレットらが賃金におけるジェンダー不平等の問題を追求して「家族賃金」のもつセクシズムの構造を明らかにし、ヴェロニカ・ビーチらが、雇用労働の場における性別職務分離の問題を明らかにしている。マルクス主義フェミニズムの立場からの女性労働研究は、1980年代から90年代にかけて多くの研究成果を生み出している。（安川悦子「訳者あとがき」（ヴェロニカ・ビーチ『現代フェミニズムと労働』高島道枝・安川悦子訳、中央大学出版会、1993年所収）参照。

6）Friedan, Betty, *The Feminine Mystique,* New York, 1963.（ベティ・フリーダン『新しい女性の創造』三浦冨美子訳、大和書房、1986年）。

7 ） Morris, William, *News from Nowhere of an Epoch of Rest, Being Some Chapters from a Utopian Romance,* London, 1891.（松村達雄訳『ユートピアだより』岩波文庫、1969年）。

＊この論文は、「『女性および女性市民の権利宣言』（1791年）から『女子差別撤廃条約』（1979年）へ」と題して『人権と部落問題』（2012年7月号、No.831、部落問題研究所）に発表されたものである。

第2章　保育所「若竹の園」と大原孫三郎の経営理念

高月教恵

はじめに

岡山県倉敷市の観光名所となっている「美観地区」の片隅に、イギリスのコテージ風のなんともおもむきのある園舎がある。これが、「若竹の園」[1)]である。1925（大正14）年に、大原孫三郎（1880 － 1943、以下、孫三郎）が「自由思想家」である西村伊作[2)]（1884 － 1963）に設計を依頼して建てられた保育所である。

「美観地区」は、倉敷紡績株式会社を1907（明治40）年に父親の孝四郎からひきついで社長となった孫三郎の「労働理想主義」と「共同作業場」理念[3)]の見事な体現物だということができる。今はホテルになっている蔦の葉に覆われたレンガ造りの紡績工場の建物や、大原美術館や倉敷民芸館、そして倉敷中央病院などがそれであり、「若竹の園」もその一つなのである。

孫三郎は、1908（明治41）年に、倉敷紡績創業20周年記念事業として、倉敷紡績倉敷工場内保育所を設けた。そしてその託児所を一般の町の人たちも利用できるように、大原邸の地続きの御崎の私有地600坪を寄付して、1925（大正14）年に保育所「若竹の園」を設立したのである。現在、この保育所は岡山県に現存する保育所の中では、一番古い保育所である。そして全国的にみても歴史的に日本を代表する保育所の一つである。

私は先に、『日本における保育実践史研究――大正デモクラシー期を中心に――』（御茶の水書房、2010年）において、保育所「若竹の園」の保育の実践をとりあげ、それが日本の保育実践の歴史の中でどのような意味をもつかを検討した。しかしそこでは、この保育所「若竹の園」が孫三郎と深いかかわりをもち、彼の経営理念と強く結びついたものであることを指摘しているが、その内容について詳しく分析してはいなかった。

保育所「若竹の園」の園長として直接関与したのは、孫三郎の妻・大原壽恵子（1883 – 1930、以下、壽恵子）である。しかしこの保育所は倉敷紡績工場で働く女子労働者のための企業内保育所を母体としていることと、その設立や運営の資金援助を孫三郎が積極的に行っていることからも推測できるように、保育所「若竹の園」も、孫三郎の「労働理想主義」と「共同作業場」理念の磁場の中にあったとみることができる。この保育所が創立される2年前の1923（大正12）年には、同じように紡績工場内にあった診療所を母体にして「倉紡中央病院」が設立されている[4)]。

本稿での課題は、壽恵子が主宰した修養教化団体「倉敷さつき会」と保育所「若竹の園」の成立の経緯を明らかにするとともに、孫三郎の「労働理想主義」や「共同作業場」理念がこの保育所「若竹の園」の運営や保育実践にどのように具体化されているのかを明らかにすることである。

1　孫三郎の「労働理想主義」と「共同作業場」理念

孫三郎は、1904（明治37）年に父親から家督を相続して379町歩の農地からなる小作農地経営の責任者となり、1906（明治39）年には、倉敷紡績や倉敷銀行の経営を父親から引き継いだ。孫三郎が26歳のときである。大原家がもつこの農業と工業の巨大な所領を、孫三郎はどのような理念にもとづいて経営しようとしたのだろうか。

孫三郎の経営理念の形成にとって重要な役割をはたしたのは、若い時代に出会ったキリスト教（プロテスタント・組合教会派）の教えであり、同時に明治末から大正の時代（19世紀末から20世紀の初頭にかけて）に欧米に拡がりつつあった「ソーシャリズム」という時代の空気であったと思われる。とりわけ第一次大戦後、ロシア革命が起き、ドイツではワイマール共和国が成立して、働く者たちの平和で平等な社会の実現への夢が大きく膨らんでいた時代の空気である。孫三郎はこうした時代状況のなかで、のちに「労働理想主義」、「共同作業場」理念と名付けられる経営理念を作り上げ、これをよりどころとして、小作地農業や紡績工場を経営したのである。

孫三郎は、1897（明治30）年1月、16歳のときに東京に出て現在の早稲田大学である東京専門学校に進学している。しかし勉強に身が入らず遊蕩して借金をし、父孝四郎に帰郷を促され、1898（明治31）年1月に義兄の原邦三郎に説得されて連れ戻された。1899年7月、岡山で孤児院を運営していた石井十次[5]が、その運営資金集めのために倉敷の新川小学校に来て伝道集会を開いた。孫三郎はこの時はじめて十次に出合い、十次の説くキリスト教にひどく感動し、十次の岡山の孤児院運営にかかわり、1905（明治38）年に「倉敷キリスト教講義所」で受洗した。そして、この時以来十次が1914（大正3）年に死ぬまで、十次を思想上の師とし、慈善事業としての孤児救済の仕事に直接かかわり、財政的な援助をした。孫三郎が信仰したのは、アメリカを開拓したピューリタン（イギリス組合教会派プロテスタント）の系譜をもつキリスト教で、その中心教義は、ひたすら聖書をよみ、禁欲をし、労働に励むことが神による救済つまり「召命」の道だと教えるものであった[6]。孫三郎が十次をとおしてキリスト教から学んだ教えは、人間愛を基盤にした労働の倫理であった。聖書を読み、日常生活を禁欲し、労働に励む。これをとおして人は神に救済されるという「召命」観が孫三郎の経営理念の中心柱であった。しかもこのプロテスタンティズムの労働観が、大原家が伝統的に培ってきた倫理観とシンクロナイズした。それは、幕末日本の豪農層をとらえた二宮尊徳の報徳思想であった。「至誠」、「勤労」、「分度」、「推譲」を柱とする報徳思想、つまりよく働き、分に応じた生活をし、余ったものを分けあうという報徳思想がプロテスタンティズムの倫理と重なり合って、孫三郎の経営理念を作り上げた。労働中心主義とでもいえる「労働理想主義」である[7]。

孫三郎は、父親から受け継いだ二つの遺産をこの「労働理想主義」によって大きく育て上げた。企業経営においても、小作地経営においても、である。企業経営についてみれば、1914（大正3）年に、近代的な設備をそなえた倉敷紡績万寿工場を新設したのはその一つの表れであった。1906（明治39）年と1924（大正13）年の倉敷紡績の総資産額を比べてみると、1906（明治39）年の77.1万円から1924（大正13）年の2989万円とじつに40倍近くに膨らんでいる[8]。

小作地経営についてみれば、1924年には525町歩、2500人をこえる小作人がいた。1904（明治39）年に父親から引き継いだときには379町歩だったというのだから、1.4倍になっている。祖父大原壮平の時代には148町歩を所有していたというのだから、そこからみれば所領地も4倍近くに増えている。500町歩をこえる孫三郎の所領地は、面積からみれば東京千代田区のおよそ半分ぐらいの大きさであり、それを大原家は所有し、そこには、小作の家族を含めれば優に1万人の人たちが暮らし、地域社会というコミュニティを作っていたのである。

この巨大な小作地を経営するために、孫三郎は、「小作俵米品評会」を開催して農業技術の改善をはかり、奨農会をつくって優秀な小作農を奨励し、農業教育を推進するために農業学校や、農業研究所（1917年）を創設している。「小作俵米品評会」（1907年）を開くにあたって孫三郎は次のように講演したという。「地主は小作人と協力して農業の改良発達を図らねばならぬ。小作料の減免は『よく働いたものが幸福を得て、横着なものには幸福は来ない』という原則によって定めたい。自分が土地を所有しているのは自利が目的ではなく、小作人と共に農業を発展させたい為である。今後自分は小作人の利害と地主の利害とを一致させるよう努力したいと思う。故に小作人諸君も、正直に良い品質の米を多量に生産し、力めて蓄財し、正しい行い正しい労働によって模範農家になって頂きたい。そして各自子孫のために最善を謀って貰いたいと思う」[9)]。

「正しい行い正しい労働」を行えば、結果として富がえられるという孫三郎の言葉は、孫三郎の「労働理想主義」をもっとも端的にあらわしている表現であったと思われる。キリスト教や報徳思想が説く労働は、こうした孫三郎のいう「正しい労働」であり、孫三郎自身も経営者として「正しい労働」に励んだ結果が、資産や小作地を増やすことになったのだということになる。

孫三郎はここでさらに、「小作人と共に農業を発展させたい」「小作人の利害と地主の利害とを一致させる」ことを目的としたいと述べて、孫三郎のもう一つの、基軸となる経営理念を持ち出している。これは紡績工場の経営においてもっと明白に表現される「共同作業場」の理念である。「小作人と地主の利害とを一致させる」ということは、「労働者と資本家の利害を一致させる」ことであり、工場の利害を地域の利害と一致させることでもあると、孫三郎は考えていた。1938（昭和13）年、愛媛県に北条工場を新設したときに、孫三郎は次のように演説している。「当社が御承知の通り各地に工場を設置いたしますのは、地域の共同作業場として地方の人々にご利用を願い、工場を育てて頂きたい念願に外ならないものであります」[10)]。

とりわけこの地域との「共同作業場」という理念は、孫三郎の思想と実践にユニークな特徴をあたえるものであった。ここが孫三郎をキリスト教徒にした十次や孫三郎が研究しモデルとしたといわれるロバート・オーエン[11)]とも異なるところであった。十次は、かれが築き上げてきた岡山の孤児院を大阪にもひろげ、1909（明治42）年には愛染橋に夜学校と保育所、日本橋に同情館を開設している。慈善活動をさらに拡大し、本格的に救貧活動を行うためである。しかし他方で十次は、1912（明治45）年に、岡山の孤児院を十次の故郷である宮崎県の茶臼原に移す計画をたて実行した。そしてこの茶臼原の「一望広漠たる高原」に、塾舎、学校、食堂、売店など10棟前後を完成させ、350名ほどの孤児とともにここに岡山孤児院の事業を移したのである。それは「鋤鎌による開墾、桑の栽培や養蚕など」の農業を中心とする自給自足のコミューンであった[12)]。

孫三郎は、十次の岡山孤児院の茶臼原移転という計画には反対せず、むしろ十次を激励し資金的にも援助しているのだが、この事業を引き継ぐことはしなかった。1908（明治41）年、石井は体力の衰えを感じ、直接、「大原兄に孤児院の全責任を負ふて予に代わりてやって頂きたいこと」を遺言したという[13)]。しかし1914（大正3）年、十次が亡くなったあと、孫三郎は事後処理のために院長になるが、「岡山孤児院は石井あっての事業である」という評議員の意見に賛同し、この孤児院を閉鎖する道を選んだ[14)]。そしてそれに代わって、十次の慈善事業の道を発展させるために、1917（大正6）年「石井記念愛染園」を大阪に設立したのである[15)]。

ここに孫三郎の思想の核をみることができる。孫三郎は、決して空想的なコミューンの建設を夢想しなかった。神による「召命」の証は、孤立した共同体の中にではなく、社会のなかで実現しなければならない。理想の「共同作業場」は、地域社会から隔絶したところにではなく、地域社会の中に実現しなければならない。孫三郎はそう確信し、生涯をとおしてこの理念を貫いたのである。

孫三郎の「労働理想主義」と「共同作業場」理念は、紡績工場の労務管理にも生かされた。労働者の労働環境に格段の配慮をし、労働者の健康を管理し、そして子育てを背負った女子労働者のためには保育所を作った。とりわけ労働者の日常的な生活環境にも気を配った。孫三郎は、紡績工場で働く女子労働者のために宿舎を改善し、男子労働者のためには社宅を建て、仕事を終えたら家に帰って人間らしい豊かな生活をする。彼らが菜園づくりに親しむことができるような社宅を建設する。つまり工場と融合した地域社会の建設が計られている。1915（大正4）年に開設された万寿工場では、宿舎は、工場勤務のあとは家庭的な雰囲気を保てるように設計され、2階建てを避けた分散宿舎であったという[16]。こうした試みからみて、孫三郎は、工場もあくまで地域コミュニティの一部であり、労働者として働くだけではなく、生活者としての人間らしく暮らすという側面も重視した。「共同作業場」理念は、「労働」と「生活」の共同作業という意味をも含められていたのである。生活の質を高めることを、孫三郎は考えていたように見える[17]。

孫三郎は、合理的な経営や労務管理のために、設立された工場内のさまざまな施設や組織を開放し、地域社会の誰もが利用できるものにした。つまり「工場内施設」を「社会化」したのである。農業経営を合理化するために作られた「大原奨農会」は「財団法人大原奨農会」となり、工場内におかれていた診療所が「倉紡中央病院」となったようにである。いずれも、倉敷紡績の外に出されて、広く社会のための施設や機関として大きな役割を果たした。工場内におかれていた託児所が保育所「若竹の園」となったのも同じ文脈の中にある。保育所「若竹の園」の園舎も、倉敷紡績の女子労働者用の宿舎や男子労働者用の社宅、そして「倉紡中央病院」と同じコンセプトで造られたと思われる。緑の庭園や畑にかこまれたアットホームな生活環境は、工場で働く女子労働者にも男子労働者にも、そして子どもたちにも大切なのだと訴えた孫三郎の「共同作業場」理念を体現するものであった。多様な人々が多様に働いて生きるコミュニティの形成が、「労働理想主義」と「共同作業場」理念をかかげる孫三郎の理想の具体像であったと言える。

2　倉敷紡績倉敷工場内保育所の設立

孫三郎は父親から倉敷紡績の経営を引き継いだ1906（明治39）年に、飯場制度の全廃を断行し、炊事関係施設の改善や寄宿舎の増築に着手し、「分散式寄宿舎」の建設に取りかかった。そして、1908（明治41）年には、秘書の柿原政一郎に、日本で初めて市営で設けられた神戸市の保育所を視察させ、会社創業20周年記念事業として工場内に保育所を新設したのである。

孫三郎が保育所を設立した理由は、企業拡大による労働力の確保、とりわけ熟練した女工の労働力の確保であった。

この女工たちが、母親になっても働くことができるようにする。平塚らいてうが『青踏』を発刊して女性に「潜める天才を発現せよ」と呼びかけたのは、1911（明治44）年のことであり、それは、女性の自立をもとめる「時代の風」に先駆けるものであった。この時代に、孫三郎は、労働力確保という観点からであれ、女性を労働力として認め、女性の「家庭責任」だとみなされていた「育児」の社会化をこうした形で計ろうとしたのである。当時の女性は法律制度によって、妻として夫や戸主に従属させられ、女子教育においては「良妻賢母」が理想として掲げられ、家庭の外で働かないことが女性の幸せであり女性の徳だとされていた。「女性よ自立せよ」というらいてうの言動は、世論から厳しい攻撃を受けていた。そういう時代背景であったにもかかわらず、孫三郎は、働く母親のために保育所を設けたのだから、当時としては驚天動地の出来事であったにちがいない。

倉敷工場内保育所がどのようなものであったか。その資料は見当たらないが、1920（大正9）年代の倉敷万寿工場（大正3年、1915年5月新設）の託児所の写真が残っている（写真参照）。それを見ると、着物に白いエプロンをかけた子どもたちと、3人の保母が写っている。一人の保母は子どもたちを集めて、お話をしているように見える。二人の保母は、和服に白い割烹着を着けて、部屋から欄干際に立って、乳児を抱いている様子がうかがわれる。「1937年から5人の子どもを育てつつ倉敷万寿工場で働いていた鈴木寿惠によれば、万寿工場託児所では14、5人を1室で保育するため、赤ん坊を寝かせておくと大きい子が踏むのでハンモックに入れてつるし、……昼食はお

1920年代の倉紡万寿工場内託児所

弁当をもっていき、昼の休みに母親が自分も食べながら子どもにも食べさせた。おやつは全然出なかった。またおもちゃは工作（工場内の機械その他の修理するところ）からもらった木切れがあるくらいで、もちろん本や積木などはなく、ただもう寝させて怪我せんよう守りするだけであった」と、聞き取り調査をした沢山美果子は書いている[18)]。しかし、「休憩所としてお乳を飲ませる場しかなかったのが、託児所ができてとてもありがたかった。というのは、お姑さんに子どもの世話をしてもらったり、哺乳時間におぶって連れて来てもらうのは気がねだったし、連れて来てもらって20分ぐらいしかない哺乳時間に飲ませようと思っても子どもは眠ってしまう。仕方なくお姑さんがそのままおぶって帰るのだが『家に帰ると起きて泣くんじゃ』とグチをいわれるので、そんなことがなくなった分ありがたかった」[19)]と。そして「特に祖父母もおらず『子ども預り』に預けるほどの経済的ゆとりもなく、夫婦2人だけで昼業と夜業をやりくりして子どもを育てていた人はずいぶん助かったようだ」[20)]というのである。

倉敷万寿工場託児所の写真の様子は、倉敷工場内保育所が設立されて12年も後のことであるが、こうした万寿工場内保育所の様子から、倉敷工場内保育所も1室に子どもを集めて託児し、工場で働く母親は乳児に母乳を与えにそこに行くことができ、昼食には子どもと一緒に弁当を食べることができるといった託児環境であったと思われる。しかし工場内に保育所ができたことによって母親は安心して働くことができたのである。また、子どもの側からみれば、母親が働いている間放置されずに保母と一緒に安心して過ごすことができたであろうし、おもちゃや絵本がなくても友達と一緒に遊ぶことができたであろうと思われる。このことから倉敷工場内保育所は母親の労働と子どもを保護した施設であったことは確かである。

さきにあげた鈴木寿恵が万寿工場で働きはじめた1937年頃は、セツルメント運動や「無産者託児所」運動が、東京をはじめとして各地に広がり始めていた時であった。これより少し前、1931年には、平田のぶが東京の深川で「子どもの村」保育所を始めているし、東京帝国大学のセツルメント活動のもとで、託児活動が始められている[21)]。こうした「無産者託児」運動の誕生よりもはるかに早い1908（明治41）年に、倉敷紡績では、工場内保育所が実現していたのである。

3　修養教化団体「倉敷さつき会」の創設と「女性の社会的役割」

こうした工場内保育所の実践をふまえて、1925（大正14）年に、保育所「若竹の園」が開設された。それは、十数年にわたる工場内保育所の経験をふまえて、子どもの養育問題への新たな取り組みであった。

かねてより孫三郎は、岡山県下の文教活動に比べて倉敷は中学校の新設運動も起らず小学校教育さえも低調であることを憂慮して、1902（明治35）年1月、まだ孫三郎は父親から工場の経営を引き継ぐ前であったが、「倉敷教育懇話会」を小学校長らに働きかけて、発足させている。ここで石井十次に日曜講演を行うことを勧められ、彼は、1902（明治35）年12月から「倉敷日曜講演会」を主催した[22)]。また孫三郎は「婦人」の教養向上のために近親の女性たちを姉の原卯野邸に集めて、『聖書』の講義などをして啓蒙教育にも努めている。たまたま1902（明治35）年1月に上代淑（1871－1957）[23)]らを招いて開いた聖書懇話会が非常に好評を博したため、それ以後毎月、上代淑を中心とした婦人講話会が開かれている。若いキリスト者であった孫三郎はこの婦人講和会を継続して、倉敷に住む女性たちが、宗教、衛生、家庭、社会等の知識を得て、慈善事業のために働くことを求め、1903（明治36）年5月に「倉敷婦人会」を設立している[24)]。こうした流れの中で、1920（大正9）年5月22日に孫三郎の妻、大原壽恵子が発起人となり修養教化団体「倉

表1　さつき會創立時の會則

會則 一、名称　本會ハ倉敷さつき會と稱ス 一、目的及び事業　本會ハ會員各自ノ向上及親睦ヲ計リ且ツ應分ノ社會奉仕ヲ為スコトヲ以テ其ノ目的トス 本會ハ右ノ目的ヲ達スル為メニ左の事業ヲ行フ 新年互禮親睦會及年一回ノ總會ヲ催シ臨時ニ講演會又ハ講習會ヲ開催ス　尚都合ニヨリ臨時總會ヲ開ク事アルベシ 一、會員　本會ハ有志ノ婦人ヲ以テ組織ス 一、役員　本會ハ會長一名　副會長一名　顧問若干名　幹事数名ヲ置ク。役員ハ二ヶ年毎ニ改選ス　但シ重任ヲ妨ゲズ 一、會費　本會ノ會員ハ一ヶ年金参圓ノ會費ヲ出金スル義務アルモノトス

出典：『若竹の園 ―― 75年の保育の歩み ―― 』p 14。

敷さつき會」が設立された。これが母体となって1925（大正14）年に保育所「若竹の園」が設立されたのである。

この「倉敷さつき會」はどのような会であっただろうか。

創設時の会則は表1[25]のとおりである。役員は會長大原壽恵子、顧問は上代淑子、幹事として市川まき・石井ふみ子、原長、柿原かめの、笠石みどり・近藤千年がなっている。当初会員は倉敷紡績株式会社はじめ孫三郎の事業所幹部の夫人と市内の開業医の夫人達を中心に79名であった[26]。発会式の会計報告の収入は寄附金1,127（壱百廿七）円（大原、原、柿原）、「會費」1,118円（76人分）であった[27]。1921（大正10）年1月の「倉敷さつき會」最初の「新年互禮親睦會」で、孫三郎自らが新年の挨拶をしている。そこで彼は、社会一般の経済状態について説明し、この不況の時代を生きる一家の主婦の心得等を説いている[28]。これが保育所「若竹の園」設立の母体となった。

「倉敷さつき會」の会合は、創立当初（第1回～第5回）は、大原家向邸で行われていたが、のちに小学校や倉敷高等女学校でも行われるようになった。それは、倉敷紡績株式会社はじめ孫三郎の事業所幹部の夫人と市内の開業医の夫人たちだけではなく一般市民をも対象として、活動を広めたいとの思いがこめられていたと思われる。つまり、「倉敷さつき會」の社会への開放である。それは「講演会」の開催によくあらわれている。「講演会」は「倉敷さつき會」の中心事業であり、1920（大正9）年の設立当初から現在ま

表2　「倉敷さつき會」主催　講演会(講習会)―1920.5 ～ 1925.4―

回	年月日	論　題	講　師
1	1920.5.20	倉敷さつき會発會式挙行（発會の辞・講演）	大原壽恵子・上代淑
2	1920.7.17	日常食品の栄養について・夏季衛生に就いて	那須左馬子・辻緑
3	8.10,8.11	和洋料理	安藤久松
4	1920.10.24	子どもを善良にする法	三田谷啓
5	1921.1.5	新年互禮親睦會（挨拶・講話）	壽恵子・孫三郎
6	1921.3.6	如何にして子供を強く賢く善良に育つべきか	三田谷啓
7	1921.5.9	芸術に関する話	児島虎次郎
8	1921.6.19	婦人解放と社會改造	浮田和民
9	1921.9.21	欧米婦人の実際生活	斉藤諸平
10	1921.10.9	家庭教育の基礎	高橋平三郎
11	1921.11.14	講習會「児童洋服」	由良とめ
12	1922.1.7	新年互禮親睦會（挨拶・講話）	壽恵子・原澄治
13	1922.2.4	平和の原理	山下信義
14	1922.3.12	婦人の自由と自覚について	三田谷啓
	1922.4.12 ～ 4.16	大阪社会事業全般視察（愛染園含む）、壽恵子、原、柿原、三橋、笠石、藤岡	富田象吉（案内）
15	1922.5.23	保育事業に就いて	富田象吉
16	6.15,6.16	講習會「洗濯について」	古賀拡
17	1922.9.27	欧米の視察を終えて	小林商学士
18	1922.10.12	見学會「大原奨農會と合同銀行」	
19	1922.11.15 ～ 11.17	講習會「洋服下着裁縫」	髙木鐸子
20	1923.1.5	新年互禮親睦會（挨拶・講話）	壽恵子・孫三郎
21	1923.1.16	欧米を観て我国婦人に望む	井上秀子
22	1923.4.1	講習會「フランス刺繍と編物」	小野貞子
23	5.26,5.27	託児所設立の為のバザー開催	
24	1923.7.6	いかなる食物を選ぶべきか	冨士貞吉
25	1923.7.19	女中慰安會「夏季台所の衛生に就て」「女中の心得について」	坂部 斉藤諸平
	9.4、9.27	震災慰問　関東大震災	倉敷町婦人團体
	1923.10.27	健康児審査を行ふ	倉敷児童保護協会・婦人会・虚女会　合同主催　倉敷中央病院医師
26	11.26 ～ 28	講習會「支那料理」	笹倉定次
27	1924.1.7	新年互禮親睦會「オーケストラについて」	石井遵一
28	1924.1.20	我等は如何に生くべきか	山下信義
29	2.14、2.15	西洋料理講習會「家庭簡易西洋料理」	相澤西松

30	3.8、3.9	欧米旅行の真相、女権の主張 —— メリー・ウォルストンクラフト女史 ——	森戸辰男
31	1924.5	さつき會総會「親睦のための苺狩」・講話	上代淑
32	1924.6.27	青年期の子女を持てる母親のために	三田谷啓
33	7.7、7.8	婦人の地位改善と法律	末広嚴太郎
34	1924.9.26	欧米視察談	橋本富三郎
35	10月毎火土、11月毎土	講習會「編物」	実原
	1924.10.28	優良児共進会と講和「婦人の口腔と顔面美」「小児病気・手当と予防」	倉敷児童保護協会・婦人会・處女会　合同主催　倉敷中央病院医師
36	1924.11.22	無教育者の教育又月夜の学校	安井哲子
37	1925.1.5	新年互禮親睦會（挨拶、講話）	壽惠子、孫三郎
38	1925.4.26	保育所開園記念講演會「児童養育の社会化に就いて」	高田慎吾

出典：『若竹の園 —— 75年の保育の歩み —— 』pp15 − 18, 『倉敷さつき會と若竹の園』pp22 − 71。

で続いている[29)]。

「若竹の園」はどのような理念にもとづいて創立されたのだろうか。この「倉敷さつき會」で行われた講演会（1920年から1925年までの）表2[30)]を見てみるとよくわかる。

講師の顔ぶれを見ると、孫三郎の活動を支えた知識人たち、つまり彼の「労働理想主義」の理念を支えた人たちであった。講演内容は、生活に関する内容、教養に関する内容とともに、女性、とりわけ自立した女性の生き方に関する内容が多く含まれている。第8回には「婦人解放と社會改造」と題して浮田和民が講演し、「……社会改造の根本は婦人解放にあり……日本の婦人は有意義に解放され、虚栄を排し真に有力なる伴侶として国家民族の為につくさねばならぬ」[31)]と述べ、第9回の斎藤諸平は、「欧米婦人の実際生活」について「……欧米婦人の理想といえば、男子と対等に社會各種の事業に従事するなど種々あれども本躰は賢母良妻にて餘力をもって社會公共に盡すのである。故に社會事業は献身的になすのと、家庭を持ちその餘暇でやるのと二種ある。……西洋と日本は異なるけれど一家の生活改善に勤め（ママ）時間の餘裕をつくり女子の活動の時期を作りたきものである。そして、女の自覚、社會的地位を高める様なすべきである」[32)]と話し、第14回「婦人の自由と自覚について」では、三田谷啓が「……個人として自覚し、母家庭の妻として自覚し、了解しあう処に円満あり、調和ありで社會的に自覚を進めれば個人と家庭と社會に表れ統一して真実の自覚が生れ人類をして意義あらしめ、向上せしめて来るようになる」[33]と説いている。合理的家庭経営を行い、なおかつ慈善などの社会的な活動に参加するアメリカやヨーロッパの中流階級の女性たちの生き方が、ここではさまざまな形で説かれていた。

1923（大正12）年に行われた「新年互禮親睦會」では、孫三郎が「1. 節約励行　2. 自分として価値あるものを造り上げる……倉紡にて消費組合を作りたい……奥様達に物の相場を知って貰いたい……女中を使わず自ら買い物に行き……」という内容の講演をしている[34]。ここでは一家の家計の担い手として、女性たちの経済観念、あるいは合理的にやりくりできる女性像が説かれ、第21回の「欧米を観て我国婦人に望む」と題して行われた井上秀子（日本女子大学長）の講演では、「欧州各国を旅行して彼方の婦人の日本婦人に比して遥かに智識の優秀なる政治的にも社會的にも凡てに於て自覚せるを説いて、我国婦人の猛省を促し参政権運動、世界の平和運動に対する覚醒を一時間に渉り能弁を以て聴者に感動を与えた」[35]と記録されているように、女性の政治的自覚、つまり1920年代当時、イギリスやアメリカで実現されていた「婦人参政権」の獲得問題についても話されている。女性は、男性のよきパートナーで、「家庭」における合理的な経営者であると同時に、社会においても政治的な人権をもつ存在であると、この「倉敷さつき會」に集う女性たちは、教えられたのである。

この女性の政治的な自立から、さらにすすんで、近代フェミニズム思想のなかでも際立っていたウルストンクラフトのフェミニズム思想の紹介も行われている。第30回の「女権の主張――メアリー・ウォルストンクラフト女史――」と題する森戸辰男（1888 − 1984）の講演である。1920年にクロポトキンについて書いた論文を理由に「朝憲を紊乱する」という罪名で、起訴されて東京帝国大学の職を追われ、3ヶ月の実刑判決を受けた（いわゆる森戸事件）森戸辰男を、当時創立されたばかりの大阪にある「大原社会問題研究所」の所員として採用したのは、孫三郎であった[36]。森戸は、「大原社会問題研究所」から出張して、1921年から23年にかけてドイツを中心にしてヨーロッパに滞在し、ロシア革命直後の、あるいは当時もっとも民主的な国家であったとされる「ワイマール共和国」などの現状を研究して帰国したばかりであった。

1924（大正13）年3月に行われた森戸の講演内容は、「1. 女性の理性が決して男性に劣らぬこと、2. 束縛を脱して自由を与えること、3. 婦人教育も男女共学にする事、4. 女子にも政治上に於て参政権を与えること」であったと記録されている。女性と男性は、人格においても、能力においても、当然、労働の能力においても平等であると主張したウルストンクラフトのフェミニズムが、ここで大きな共感を得たとは思えないが、女性の人権の覚醒を啓蒙するという点では、役割を果たしたのではないかと思われる。

孫三郎はこれらの講演会を通して、「婦人たち（女性）は一家を守らなければならないが、家事を能率的に終えて時間を作り、社会のために働かなければならない」[37] と訴えた。彼は、倉敷日曜講演開催において、もともと自分が講演をしようとしたが、「彼は生来咽喉が弱く、声が疳高い小児の声のように変り、話す方も聞く方も甚だ辛い結果になることを覚った。そこで彼は自分の代りに然るべき識者を講師に招き、有益な講演会を催すことを思い立ち……」[38] と記されているように、これらの講演者の講演内容は、まさに孫三郎が主張したかったことでもあったと言える。こうした講演内容からみられるように、孫三郎は、女性とりわけ中流婦人の人権とそれについての責務の自覚について、訴えようとしたことは確かである。それは具体的には、「倉敷さつき會」の婦人（女性）一人一人が社会のために慈善事業に立ち上がることであった。

孫三郎は、保育所開園の1925（大正14）年の「新年互禮親睦會」で次のような所感を述べている。女性の仕事は、「……積極的に社會的に主人を働かせ、積極的の家庭を造りたいのが第一の希望である。……世間に遠慮なく自由に活動して頂きたい。そして倉敷の家庭を改善していただきたい。即さつき會の人達が先頭になって弊風を打破して正しいと思う事に大胆に実行していただきたい。総ての行動は正直でなければならない。次に、託児所も近く実現する様になったが、主任の人に任せて置かずさつき會全体の人たちにやって戴きたい。そして會員全体が自分の仕事としてこぞってして頂きたい。

仕事によって仕事に教育される様になって頂きたいと思ふ……」[39]と。つまり女性は家庭生活を改善するだけでなく、社会に出て役に立つ仕事、とりわけ「保育」の仕事にかかわってほしいと、孫三郎は希望したのである。保育所の設立は、子どもを育てる仕事の社会化であるといえるが、その養育の社会化に、孫三郎は、働く女性の養育問題を解決するという意味だけでなく、女性たちの働く場でもあると考えていたといえる。彼にとって、子育ての社会化は、女性の、とりわけ中流の階級の女性の労働の場（社会に役立つという意味で）の確保でもあった。

4　保育所「若竹の園」の設立と大原壽恵子

1914年に始まる第一次世界大戦中の日本の好景気が戦争の終結とともに終わり、1918（大正7）年の米騒動にみられるように、1920年代初め頃には、社会に不況の嵐がふきあれるようになっていた。それとともに工場で働く女性も急増し、子どもの保育問題が社会問題化しつつあった。岡山県では1917（大正6）年5月に「救世顧問の設置」の訓令が出され、「県下市町村ノ防貧事業ヲ遂行シ個人並ニ社会ヲ向上セシムルコト」として、その第1事業として母性乳幼児保護事業を取り上げ、特に乳幼児・児童保護について指導奨励が行われている[40]。倉敷もその例外ではなかった。保育所「若竹の園」は、経済不況と働く女性の増加に後押しされて創立された。1925（大正14）年のことである。

この創立には孫三郎の妻である壽恵子がおおきくかかわっていた。彼女が保育所を創設しようと思った動機について、6代目園長溝手美津枝は次のように記している。「1955（昭和30）年3月15日に新渓園で行われた若竹の園30周年記念に出席された上代淑女史は回顧談の中で創立の発端を次のように話されたそうです。『大原夫人がおたずねになりました。この頃お働きになるお母さんがふえ、お子さん達が多数広場で遊んであられます。唯遊ぶならよろしいが悪いことをしてはいけません。何か私達で出来ることはないでしょうか。そこで私は申し上げました。セツルメントをなさってはいかがでしょうか』」[41]。つまり壽恵子は、母親が働きに行っている間子どもたちが放置されており、かれらの発達に悪影響を及ぼしている様子を見て、心を痛めていたのである。孫三郎も、この壽惠子の思いに合わせて、倉敷紡績内保育所を工場外の町内に設けて一般公開して、地域のだれもが利用できるように「社会化」することに賛成したのである。

こうした働く母親、あるいは貧困家庭の子どもたちの養育の社会化という問題について、孫三郎夫妻に影響を与えたのは、大原社会問題研究所にいた高田慎吾であった[42)]。彼は、「救貧問題を研究し、乳児の保護のあり方、嬰児保護に関する社会的施設について発表した。これらの研究が保育園の設立に連なった」[43)]と大津寄勝典も指摘している。

壽惠子が会長である「倉敷さつき會」の幹事会が、1922（大正11）年5月23日の大原家向邸で開かれ、「大原會長より託児所設立の件について諮問があり、會員全員の賛同を得て決定す」、そして「さつき会会則の目的に、『保育所及ビ之ニ関連セル事業ノ施設並ニ経営ニ努ム』の条文が加わった」と記されている[44)]。続いてその日に、「石井記念愛染園」園長の富田象吉が「保育事業について」と題して講演し、その3日後の26日・27日に、新溪園において託児所設立のための最初のバザーが開催されている。その時の状況は、「新溪園敬檢堂の階下に陶器類・化粧品・文房具・雑貨・洋服・食品・絞染・階上に美術品。食堂は、園内の芝生のほとりに天幕を張り、何れも閉場迨賑ひ、予想外の好成績で、新溪園開設以来の大賑ひで終りを告げた」[45)]と記されている。そして、当日の売上高は7,301円17銭・利益3,179円15銭と報告されている[46)]。これは当時としては、破格の売り上げ額であり、収益であったことに驚かずにはいられない。ここでもまた、孫三郎の人脈による支援の大きさがうかがわれる。孫三郎は、1923（大正12）年1月5日の新年互禮親睦会で、「昨年より計畫せし託兒所も本年愈々実現せらるる事と思えば、會員達の御盡力、御援助を願いたし」[47)]と挨拶している。

さらに、孫三郎は、倉敷の町を発展させるために、1919（大正8）年末に倉敷住宅土地株式会社を設立し、都市計画実施に尽力しはじめた。その主なものとして、従業員とその家族及び一般市民のための「倉敷中央病院」の設立をはじめとして、旭町小学校校舎新築、女学校及び商業学校移転改築、上水道敷設、「倉敷キリスト教会堂」、「倉敷本店旭町事務所」、倉敷税務署等が建立され、倉敷紡績社宅が建設された。また、「新溪園」を倉敷町に寄付し一般公開している。

この保育所の建設も、こうした都市計画の一環であったと考えられる。孫三郎は、林源十郎より紹介されて先に「倉敷キリスト教会」を設計した西村伊作に、この保育所の設計を依頼している。大原邸の地続きの御崎の私有地600坪を孫三郎が寄付し、保育所施設158坪は倉敷紡績会社が寄付した。1924（大正13）年5月初旬着工、1925（大正14）年2月20日竣工している。こうして保育所「若竹の園」は、建設費35000円（倉敷紡績寄付）、設備費15000円（壽恵子寄付）をかけて誕生したのである。

おわりに

保育所「若竹の園」を設計した西村伊作は、この園舎について次のように書いている。「……小さくて美しい、感じのよい、家庭のやうな建物と庭とを作りたいのです。……百姓家のやうな家でもよいから……さっぱりとした感じのものにしたい…。家屋よりも庭園に心を用ひ、……學校が樹木で包まれて居るやうに……したいと思ひます」[48]と。建設された園舎の様子について、記念誌『若竹の園――75年の保育の歩み――』では、次のように紹介されている。

「インドのベンガル地方にあるバンガロー様式を取り入れた園舎。鋭い三角屋根は天然スレート葺。石張りのアーチの玄関、ベランダはレンガ，床はフローリングを敷き、食堂、保育室、遊戯室と使用目的の違う西洋風の様式が取り入れられた。建物の配置は、玄関、応接室を中心に、北側に年少児用の二階建ての棟。南西に年長用の三棟で、木造の建物である。園庭には適度な傾斜が設けられ、その中央を小川が流れていた。サツキ、いちょう、松、椋、榎の木が一年中緑をそえていた」[49]と。

90年近くたった現在でもこの姿はそのままで変わらない。1925（大正14）年に開園された当時は、おそらく「夢の城」であった。「森の中に立つおとぎの国のような園舎、今に小人達がとび出してきて子ども達の手を引いて踊り始めそうな、かわいらしい夢のお城の門が開かれた」[50]と記されている。

これは、確かに、建築家西村伊作の「理想」を現実にしたものであったにちがいない[51]。大正時代の末から昭和の初めにかけての日本において、欧米の自由主義的な中流階級の暮らしを、目に見える形で提供するものであったからである。第1回卒園生の藤原勝子は「そりゃ若竹が出来たときはびっくりしたもんです。まるでお城の夢のようじゃった。……家におもちゃも絵本もない当時、大積木や絵本のある若竹に通うのが楽しみで、家に帰ってもまた園に遊びに行くので、親にもう“若竹の子になれ”と言われた」[52]と述べている。

「若竹の園」は、建築家西村伊作の理想の実現であっただけではない。それは孫三郎と壽恵子が求めた理想を体現するものでもあった。新しい世代の子どもを育てるとはどういうことかを、1920年代の日本の知性を総動員して、具体的な形にしたものであったからである。この建物は倉敷紡績により「倉敷さつき會」に無償貸与され、「石井記念愛染園」の設立に関与した小河滋次郎（1864 − 1925）[53]によって「若竹の園」と命名された。1925（大正14）年3月15日に保育事業（星組）が開始され、4月10日入園式が行われ、同月26日に開園式が行われている。

開園を記念する講演（倉敷旭町小学校）は、「大原社会問題研究所」の高田慎吾が行っている。彼はアメリカの貧困階層の子どもの養育問題について研究をすすめており、子どもの「養育の社会化」問題に取り組んできた人物であったが、次のように講演した。「……今や子供の保護は、一家の問題でなく社會国家の問題のごとく、その養育費も亦、社會的負担の必要を生ずる。……子供の養育はともかく、一家に任せず社會化国家化されなければならないところに達しているのは事実である。その発達の順序として、一婦人團体の事実が町に県に国に拡張されるのが即ち、理論からでなく、実際の必要が、それが他に広められていくことが適当であるが、この意味で若竹の園の働きは、事業そのものとその一事業がそうした原因になるという二つの意味で尊いものである。けれども母が子供を、社会国家團体に任せ放任してしまうことと養育の社會化とは自ら別問題で、即母も責任をもち一日の幾時間かを人に託すところに、保育所の必要が生ずるのである」[54]。

「若竹の園」は、「養育の社会化」の一つの試みであり、したがってその費用は、国家や社会が負担すべきものであるという、高田慎吾のこうした理念は、孫三郎の「共同作業場」の理念とシンクロナイズするものであった。孫三郎は、工場内託児所を閉鎖して一般市民をも対象にした「若竹の園」を設立し、その運営を壽恵子を会長とする修養教化団体「倉敷さつき會」に任せた。しかしこれは、高田慎吾の言うように、一婦人団体のセツルメント活動に任せておけばよいというような問題ではなく、社会的に、つまり町や県や国が、養育の社会化の責任をとるべき問題であったのだが、それが実現するには、「若竹の園」の創立からさらに一世紀近くの時間が必要であった。

付論　保育所「若竹の園」開園当初にみられる保育所体制・保育目標・保育方針

「この子らのさきくしあれとひた思ふ　心を持ちてけふも来てみつ」
「湯あみ終へて清らかになりし子ども等は　神のみ子かもさきくあれかし」

これは、「若竹の園」の初代園長であった大原壽恵子の詠んだうたである[1)]。壽恵子がどのようなこころで、この保育所「若竹の園」に関与したかが、この短歌から読み取れるだろう。子どもはすべからく神様から預かったみ子なのであり、いかなる子どもの人格をも尊重して育てられなければならないという壽恵子の理念が、開所当時からの保育理念としてこの「若竹の園」にゆきわたっていたと思われる。

こうした理念に基づいて、この「若竹の園」は、2歳から6歳までの80名の園児に、どのような保育をおこなっていたのだろうか。

まず開園当初の職員構成[2)]を見てみると、園長の他、主任・谷崎菊茂、保母・三宅サト・高塚千鶴子・三垣敏子・村上美佐子の5名の職員からなっていた。保母の学歴についてみると、主任の谷崎菊茂は1922（大正11）年に、三宅サトは1924（大正13）年に「玉成保姆養成所」を卒業している。高塚千鶴子は「大阪市育英実科高等女学校」を卒業して、1918（大正7）年に小学校教員免許を取得しており、三垣敏子は1923（大正12）年に「東京府教育會附属保姆傳習所」を卒業後、1924（大正13年）に小学校教員免許を取得しており、村上美佐子は1922（大正11）年に「同志社女学校専門部家政科」を卒業している。高塚千鶴子は、1919（大正8）年から大阪の「愛染園幼稚園」に勤務の経験があった。高等教育をうけた女性はきわめて少数であったこの当時、しかも保育についての資格を必要とされない時代に、「若竹の園」は、このように専門的知識を身に付けた高学歴の人たちが保母になり、保育にあたっていたのである。また「若竹の園」を運営する事務として、7月から、東京女子大学社会学部卒業後、東京帝国大学経済学部聴講生であった逢坂忍が、「倉敷さつき會」と社会問題研究所倉敷紡績人事課事務嘱託との兼務で、「倉敷さつき會」社会部主事として事業の計画に加わっている。

当初の保育目標については『若竹の園――75年の保育の歩み』には、述べられていないが、園の命名にあたって壽惠子は孫三郎の知己であり、石井記念愛染園の理事であった小河滋次郎に依頼をしている。小河滋次郎は明治天皇の次の二首の歌を奉たいして「若竹の園」と命名したという。

「すなおにもおほしたてなむいづれにも　かたぶきやすき庭の若竹」
「呉竹のなほき心をためすして　ふしある人におほしたてなむ」

「若竹の園」の保育目標は、ここに象徴されているとみることができる。つまり、「若竹のようにすくすくと伸びる子ども」、「将来節操と貞節をもって有用な材（人）となる子ども」である。これは、「正しい行い正しい行動」ができ、「社会のために役立つ人材の育成」という孫三郎の労働理想主義とも重なるものであった。

具体的には、どのような内容の保育を展開していたのだろうか。保育所『若竹の園』の事業概要（表3）からわかるように、なによりも第1に、保育をする子どもたちの親は、「中産階級以下」の親の子どもであり、同時にその親は「生業」をもつこと、つまり母親が働いていることが、明記されている。第2に、保育は二つの組（「年長組」と「年少組」）にわけて行われ、4名の保母によって保育される。第3に、保育方針は、医師とも連携しながら幼児の発育状態に留意し、「自由保育」がおこなわれる。そして第4

表３　保育所「若竹の園」事業概要

一	目的	中産階級以下の保護者のため、晝間その幼兒を預り、親の生業を助け、併せて幼兒の心身の適切なる養護につとむ。
一	定員	幼兒の年齢により園兒を月の組（年長）星の組（年少）の二組に分かつ。
一	係員	社會部主事　一名　　主任　一名　　保姆　4名（星の組二名、月の組二名）
一	保育方針	常に醫師と連携して幼兒の發育状態を留意し、適當の教材を以て心身に束縛なき自由保育を行ふ
一	保育時間	午前六時より午後六時迄、但し季節により伸縮することあるべし。
一	食事	月の組は辨當持參、星の組に當園より中食を供す。兩組とも一日一回の間食をあたふ
一	休日	新舊正月各二日、紀元節、天長節、氏神祭、月四回。
一	保育料	星の組　一ヶ月　壹圓五拾錢 月の組　一ヶ月　五拾錢 毎月六日迄に納附するものとす、但し事情によりては十日毎に分納するも妨げなし。
一	諸會合	家庭の改善又は保育の完成を期するため、随時親の會、又は係員の協議會を開く
一	維持方法	さつき會の仕事に依る純益、諸補助金、賛助金、有志寄附金

出典：『若竹の園 ── 75年の保育のあゆみ ── 』p 26。

に、保育時間は、働く母親を考慮して午前6時から午後6時までを原則とすること。第5に、年長組は弁当を持参、年少組には給食が出されること、おやつが与えられること。第6に、保育料は、年長組は月に50銭、年少組は1円50銭とするとされていた。第7に、子どもの親たちの生活改善をはかるために、親の会を随時開くことなどであった。

ここで明記されている「自由保育」とはどのようなものであっただろうか。『若竹の園──75年の保育のあゆみ』の記すところからうかがえる「自由保育」の特徴は、第1に、明治の初め以来日本の幼児教育のメソッドとして取り入れられたフレーベル（19世紀中頃のドイツの幼児教育学者）が工夫した教具である恩物─Fröbel Gaben─を取り入れた保育が行われている。しかしそれと共に、当時大都市の中流階級を対象とした「幼稚園」で展開されていた「児童中心主義」（倉橋惣三が展開した保育理念）の保育、つまり「自由保育」の理念が、「若竹の園」にも取り入れられていた。

「若竹の園」では、外遊びや園外保育が重視され、子どもたちが生き生きと活動していた様子が開設当初の保育日誌に次のように記されている。「一月二十八日　晴れ　木曜日　……食事後急に思い立ち星組月組共に新渓園から妙見山に行く　久しぶりのお出掛けで喜びは一方ならず……新渓園では走り競争やリレーや先生も幼児も一所になって遊び、それから妙見山に又出掛ける。途中で観龍寺の門前で庭の噴水を眺めて居る住職が中に入って見る様にとすゝめて下さるので中に入て遊ばせて頂く。噴水を眺めて何人いふとなくお庭の噴水を歌い出し　皆が相和して歌ったので嬉しそうに老僧は笑ってきいて居られた。妙見山では汽車をながめたり又轉だりして暫時遊び　持て行たおやつを頂き　楽しい一日を終り帰園した。A子さんが遠山をながめて水色に見へると云出したので　近い山の色、遠い山の色の異いを注意して見る。午後の画の色彩に少しでも異ひが有て呉ればいいが　D男さんが鳶を見て　トンビトンビ　此こハ(ママ)妙見山ぢゃと節をつけて歌て居た。余程楽しい一日で有たと見へお互いに平和な日で有た。……」。2歳から6歳までの子どもたちが全員で園外保育に行き、異年齢の子どもたちが、互いに入り交じって遊び楽しんでいる様子が目に浮かぶ。子どもたちは、多様な人間関係の中で育ち合うという保育実践がここでは行われていたことがわかる。

保護者との連携についてみると、保護者会への勧誘や欠席児のための家庭訪問がたびたび行われていた。そして、家庭に帰ったときの「子育て」を改善するために親の会が開かれた。開園当初の親の会の様子が保育日誌に記されている（表4参照）。

開園当初の保護者会の記録を見てみると、この「若竹の園」は、子どもたちが育つ家庭での保育環境についての把握に、こころを砕いていたことがわかる。出席した母親や父親から、子どもが育てられる家庭の状況把握が、個人面談の形で行われていた。兄弟の有無や経済事情まで、日常生活のさまざまな事情を聞いている。また子どもと親とが連れ立って遠足にでかけ、自然環境のすばらしさを満喫し、親子を交えて遊戯をする。その様子が記録に残されている。そしてまた働く母親が健全に子育てをするのに必要な医療知識や家事知識などについて教育をするための社会教育的な役割を果すような機会も数多く設けられていたことがわかる。

こうしたことからもわかるように、「若竹の園」は子どもと保護者のための施設として運営が計られていた。つまり「若竹の園」は、子どもにとっては「子育ち」の場であり、同時に親にとっては「親育ち」の場でもあったのである。夜間裁縫部が開かれ、必要ならば農村託児所も開かれた。子どもの

表4　開園当初の保護者会(大正14年度保育日誌より)

6月20日　講演とラジオ余興
9月20日　晴天　日曜日
午前9時より親の会を催す（月組遊戯室ニ於）
出席　母親父親　65名、当園幼児　60名位、山田夫人、福井氏　お手伝い下さる。9時より来た順序に寄り　別室に一人づつ呼び　研究所よりお訪ねの　両親の年齢、幼児は第何子で有るか、兄弟の数を聞く。当園にては　幼児の日常の小遣　其用途、貯金の有無、当園にて扱ふ貯金の有無を問ふ
10時より左の順序に寄り　全体の親の会をなす
1　お話　鯵坂先生、1　挨拶　Z男、1　お話　H子、D男、T子、1　小雀　星の組、1　笹の船　男　月の組、1　凧、山椒太夫　女　月の組、1　お星様　星の組、1　鈴虫　月の組
11月9日　晴天　月曜日
午前9時より親の会を催す（月組遊戯室ニ於）
出席　星組　19名　月組　34名、　欠席　星組　15名　月組　17名
親の出席　母親　41名　父親　5名　其他7名
朝から晴れ渡りたる好天に恵まれて幼児等も親達も喜び勇みて集り　9時半出立し　日間山に向ふ。途中1時間位の予定にて時を計りて行きたれど思うよりも皆早く歩き45分許りにて日間山につく。星組の児さへ元気にて境内にむしろを敷きて三三五五思いに席を取り昼食を済ます。山の上に思い思いに上りて黄金に実る稲田の広々したる眺め　転々と眼にうつる家、町遠く　児島湾の見晴らし　遠近の山々紅葉の麗はしき光景に気も晴々と打つろぎて2時半まで遊び　石段の下にて遊戯を両組にて2、3づつやりて帰途につく。星組のもの、赤坊づれのお母さんも多けれど負う事は覚悟して行きたれど其様いふ人も一人もなく元気に驚く。平常遊ぶ事のないお母さん達とて久々の行遊を大変喜で居た。大した失敗もなく怪我も病人もなく無事に済んだ事を喜ぶ。此様した所に慣れないお母さん達も少し共同遊戯とか又皆でくつろぐ様に指導し又用意して行く様にすればよかったと思って居る。
2月28日　晴天　日曜日
第四回親の會を午前9時半より開催、例により出席多く五十二名で有た。始めに星組月組の幼児のお室に入らせ親達も各幼児の保育室に入て頂き、星組は會集を月組大組は手技折紙、小組は恩物、第四恩物を一寸前にそれぞれ谷崎が其事につき簡単に話し平常の通りの事をしてお目に掛る。月組は此後遊戯室で共同遊戯二三をする。皆喜で見て居た様で有った。幼児は大変緊張して居た様で有た。十一時頃から集會場で集り逢坂の御話をきく　茶菓し出して打解けて話合ふ。始めてとしては能く打とけて相当意見や希望を述べて居た

児童健康相談や妊婦検診なども実施されている。保育所「若竹の園」は、そこに集う園児とその保護者だけでなく、倉敷というコミュニティに住む人たちへの、「子育て」「子育ち」のためのセンターでもあったのである。

創立されてから90年近くの歴史を経た今でも、「若竹の園」は昔のおもかげを残したままである。門を入ると、大きな椋と榎の木、そして丸木小屋（むくのきのいえ）が目に入いる。この椋の木や榎の木のように、今では孫三郎と壽恵子の理念も大きく育って根をはっている。開園当初は80名（2歳～6歳）だった子どもの人数は、今では約250名（0歳～6歳）になっている。

この90年の間に、「若竹の園」の保育内容はどのように変化し、どのように展開されたのであろうか。創立当初の「若竹の園」の保育体制や保育内容や保育方法は、そして西村伊作が設計した園舎や、孫三郎・壽恵子夫妻による財政援助も含めて、きわめて充実し恵まれたものであったと捉えることができる。こうした恵まれた環境の中で、働く親の子どもたちを対象にして長時間保育が行われたのである。

21世紀になった今、社会の中での子育て、つまり「養育の社会化」が大きな問題となっている。子どもは社会の中で、「育つ権利」をもっており、社会は、子どもの人権を認めて「育つ」ための環境を整備する義務がある。1920年代中頃という早い時代に、いち早くこの問題に取り組み、実践をし、今日まで継続させてきた保育所「若竹の園」を、その長い歴史とともに、こうした観点から光を当て、捉え直さなければならない。この仕事は私にとって残された課題である。

注

1）保育所「若竹の園」の歴史は、星組の保育が開始された1925年3月15日にはじまる。4月10日には月組の入園式が行われ、4月26日に開園式が行われた。経営母体は修養教化団体「倉敷さつき會」であった。1935（昭和10年）5月11日に財団法人「若竹の園」となり、2011（平成23）年4月1日に社会福祉法人若竹の園「若竹の園」となった。

2）西村伊作（1884 − 1963）は、画家であり、建築家であり、工芸美術家であり、また詩人でもあったが、1921年、東京に芸術的自由教育をモットーとする文化学院を創設した人物としても有名である。その西村が当時、倉敷紡績の経営者であった大原孫三郎の頼みをひきうけて、保育園「若竹の園」を設計した。この保育園は、倉敷駅にほどちかい鶴形にある「日本基督教団倉敷教会」の建物（西村伊作がこれも設計した）とともに、明治末から大正の時代にかけての古きよき時代の、欧米文化を核にすえた教養主義的モダニズムを象徴する建物として有名である。

3）大原孫三郎の経営理念についての本格的な研究である大津寄勝典『大原孫三郎の

経営展開と社会貢献』（日本図書センター、2004年）は、孫三郎の経営理念の中心は「労働理想主義」と」共同作業場」理念であると述べている（大津寄勝典『大原孫三郎の経営展開と社会貢献』日本図書センター　2004年　pp17 − 65）。

4）大津寄勝典は、孫三郎の「社会・文化向上貢献」について詳細に紹介している。大原貸資奨学金制度、倉敷日曜講演会、大原農業研究所、倉敷労働科学研究所、倉敷中央病院（はじめは倉紡中央病院）、大原美術館などについて、さらには大阪に創立された石井記念愛染園や大原社会問題研究所などについて、孫三郎がこれらの設立にどのように関わり、大原の理念がどのように生かされているかに説明している。しかし保育所「若竹の園」についてはまったく触れられてはいない。わずかに「大原孫三郎による・寄付・助成」と題する年表の中で、1930年、妻壽恵子の死にともない壽恵子が作っていた「さつき会」に寄付1万円、そして1934年には「土地600坪、建物（倉紡所有）を「倉敷さつき会」へ寄付（若竹の園）」とされているだけである。（大津寄勝典、『大原孫三郎の経営展開と社会貢献』日本図書センター、2004年、p.358.）

5）石井十次は、宮崎県に生まれ、医学を学ぶために岡山に出てきていたが、孤児の救済のために医学の道を捨て、生涯を孤児救済事業に捧げた人物である。同志社の新島襄の系譜をひく組合教会派のキリスト教徒で、聖書を読み、労働に励むことが神に救済される唯一の道であるというプロテスタンティズムを実践した人である。

6）石井十次は、1901年9月24日、大原に次のように書き送っている「信仰ではなく信行、すなわち聖書を読んで実行すること。そうして『みずからなしうべきことを決して人に頼むなかれ』を近来の所感としていること。」（大津寄勝典、前掲書、p.286.）

7）「大原の深層心理には、はじめから常にキリスト教と二宮尊徳の報徳教の教えがあり、西洋の倫理と東洋の道徳とが巧みに融合していた」と大津寄勝典は指摘している（大津寄勝典、前掲書、p.364.）。

8）大津寄勝典、前掲書、p. 37。

9）1907年の講演、大津寄勝典、前掲書、p. 264。

10）倉敷紡績株式会社『回顧六十五年』1953年、p. 357、大津寄、前掲書、p. 22.

11）「大原孫三郎はかねてから、ロバート・オウエンの事績の研究をしたり、……ドイツのクルップ社のパンフレットにより、同社の福利厚生施設が倉紡のそれとあまりに懸隔があるのを知り、驚くと同時にその改善に情熱を燃やすに至った」大原孫三郎伝刊行会編『大原孫三郎伝』中央公論事業出版、昭和58年、p.68。

18世紀末から19世紀の前半にかけてイギリスで活躍したロバート・オーエンは、生涯の中で二つの種類の社会改良計画を実践している。一つは、18世紀終わりごろ、イギリス産業革命の象徴となったスコットランドのニューラナークに建設された綿紡績工場であり、もう一つは、19世紀20年代になってオーエンがアメリカのニューハーモニー村に建設したコミューン（共産村）であった。

ニューラナークでは、オーエンは、最新の動力（当時は水力）と機械（ジェニー紡績機）と児童労働を使って綿糸を大量に生産し、合理的な労務管理を行って、莫大な利益をあげた。この工場内で働く児童の教育のために「性格形成学院」を併設したことでも知られている。大原孫三郎がもしオーエンの影響をうけたとすれば、この綿紡績工場の経営者としてのオーエンであったにちがいない。しかしオーエンはもう一つの顔をもっていた。彼自身、19世紀に入って綿紡績の不況を経験した時、この工場をたたみ、農業を中心とするコミューンを構想し（オーエン『ラナーク州への報告』1820年）、それを実現するために、未開の地アメリカに渡った。綿紡績工場を売却してえた資金をもって、そこに理想のコミューンの建設を行ったのである。オーエンが構想し、実践しようとしたコミューンこそが、茶臼原での石井の孤児院と類似するものであった。200人から2000人ぐらいの住民からなる農業中心のコミュニティで、そこでは生産も消費も共同で行われる、共産村であった。

12）茶臼原のこの孤児院は、「1私利私欲のなきものの国なり。2私有財残のなき国なり……3国民は悉く鋤鎌主義をもって労働する国なり。4神様を中心とする国なり」と石井十次が説明するような一種の共産村であった。大津寄勝典、前掲書、pp. 288 − 9。

13）『石井十次日誌　1907年7月15日』87ページ、大津寄勝典、前掲書、294ページに引用）。全文は大原孫三郎刊行会『大原孫三郎伝』中央公論事業出版、昭和58年（1983）、p,98。

14）孫三郎は大正8年1月まで院長になり、その後石井辰子未亡人が院長に就任し、大正15年に孤児院の活動は終了した。しかし昭和20年に宮崎県茶臼原孤児院が、戦争被災孤児救済を目的に石井記念友愛社として再開し、その後社会福祉法人石井記念友愛社として、児童養護施設、保育園などを経営している。

15）石井記念愛染園は、現在でも」社会福祉法人・石井記念愛染園」として、大阪の愛染橋で病院、保育園、そして介護事業などを展開している。

16）大津寄勝典、前掲書、p. 60。

17）大原が行った工場内での環境改善については、作業場の暑さをやわらげるために、外壁に蔦を匍わせたり、工場内に給食施設として大食堂を設けたり、工場の隣接地に新しい寄宿舎を女子労働者のために建設したりした。その宿舎は、「工場で仕事をしたあとは、家庭に帰った雰囲気を味わえるようにと平屋建分散式を取り入れ、各棟の間には花壇を設けた。1棟を2ないし4戸に区分けし、1戸は2畳・6畳（押し入れ・床の間月）の部屋と玄関があって、定員5人とした。……さらにはそのゾーンの一角に医局と称する診療所を設け、東大出身の医師を迎えて、従業員の健康診断と治療に当たらせた」（大津寄勝典、前掲書、p.53.）という。

また1907年には、男性従業員のための社宅も136戸建設している。「当時の紡績会社としては異色であったが、住宅・通勤主義を採用した。今後紡績製品の高級化が進みにつれ、未熟練の女子より長勤の男子が多くなると予測し、……女子労働の男子化を図り、男子中心の工場としようとしたのである。このために工場周辺に約2万坪の土地を求めて、そこで緑と太陽の田園都市風な社宅600戸の工場村を建設した。……労働の後はそれぞれ自宅へ帰って、菜園に親しむよう配慮し、自宅の周辺に草花を満たした。」（大津寄勝典、前掲書、p.60）。

18）沢山美果子「働く母親と託児所 —— 若竹の園」（岡山女性史研究会編『近代岡山の女たち』三省堂、1987年所収）、pp.159 − 160。

19）前掲書、p.160。

20）前掲書、p.160。

21）宍戸健夫『日本の幼児保育』上、青木書店、1988年、63ページ以下参照。

22）大原孫三郎傳刊行会編『大原孫三郎傳』、中央公論事業出版、昭和58年、pp.50 − 51。

23）上代淑は、愛媛県に生まれ、父が牧師になるため家族で大阪に移り、梅花女学校卒業後岡山の山陽英和女学校（現山陽学園）に赴任し、1893（明治26）年いったん山陽女学校を辞職してアメリカに留学した。帰国後、1897（明治30）年に再び山陽女学校の教師となり、1908（明治41）年、37歳の時に山陽高等女学校校長に就任し、1959（昭和34）年11月、88歳で病没するまで51年間に亘り校長を務めた。キリスト教徒で、「愛と奉仕と感謝」の山陽学園の教育理念を築いた人である。

孫三郎はこの学校に対していろいろ援助していたが、教育者として人格者として上代を尊敬し、婦人懇話会に招き、以後講師として上代を中心とする婦人懇話会を継続し、「倉敷婦人会」を設立している。その意思を引き継ぐ修養教化団体「倉敷さつき会」の理事として会長壽惠子を支えた。

24）大原孫三郎傳刊行会編、前掲書、p. 50。

25）若竹の園記念誌編集委員会編『若竹の園 ―― 75年の保育のあゆみ ―― 』財団法人若竹の園、2000年、p.14。

26）前掲書。

27）溝手美津枝編『倉敷さつき會と若竹の園 ―― 温かき御手にはぐくまれて ―― 』財団法人若竹の園、平成22年、p. 22。

28）若竹の園記念誌編集委員会編、前掲書、p.15。

29）溝手美津枝編、前掲書、p.243。

30）若竹の園記念誌編集委員会編、前掲書、pp.15 － 18. 溝手美津枝編、前掲書、pp. 22 － 71。

31）溝手美津枝編、前掲書、p. 30。

32）前掲書、pp. 31 － 32。

33）前掲書、pp. 36 － 37。

34）前掲書、pp. 44。

35）前掲書、pp. 47。

36）森戸辰男の思想については、安川悦子「森戸辰男における『理想の社会』―― オウエン、モリス、クロポトキンの研究を通して」（安川悦子他編著『地域の力・地域の文化―多元都市「福山」の可能性』児島書店、2010年所収）、3 － 15ページを参照。

37）溝手美津枝編、前掲書、p. 60。

38）大原孫三郎傳刊行会編、前掲書、pp. 50 － 51。

39）溝手美津枝編、前掲書、p. 69。

40）岡山県保育史編集委員会編『岡山県保育史』フレーベル館、昭和39年、p. 67。

41）溝手美津枝編、前掲書、「はじめに」。

42）高田慎吾の児童養護論については、本書に収録されている「高田慎吾の児童養育の社会化」（加納三千子）を参照。

43）大津寄勝典「大原孫三郎の企業者活動と経営理念」（『経営史学』東京大学出版会、1991年4月号）、p. 24。

44）若竹の園記念誌編集委員会編、前掲書、pp. 15 － 16。

45）前掲書、p. 21。

46）前掲書、p. 21。

47）前掲書、p.16。

48）西村伊作『我子の教育』文化生活研究會、大正12年、pp.187 － 188。
また西村は、「私の最も理想とする校舎は住家のような感じのものです。……現今の多くの学校は実に無味乾燥な感じの校舎と校庭をもっています。……天井がさう高くなくてもよい。講堂が廣くなくてもよい、遊戯場がすばらしい廣っぱでなくても宜しい。……建築本位でなく庭園を主とした學校がどれ位教育的効果があるか知れません。……心を休息さす、静かな庭園を作るには、校庭の一部、南西の一隅に出来るだけ大きく森を作るのが宜しい。森林の中に小路あり、……成る可く早く大きくなる樹木を植ゑて…學校全体が森の中にあるやうな感じをもたしたら宜しい。……少し窓を小さく、光が強烈に過ぎないやうに、心をしづめる室……が宜しい」（西村伊作『我子の學校』文化生活研究會、昭和2年、pp.235 － 239）とも述べている。
49）若竹の園記念誌編集委員会編、前掲書、p.24。
50）前掲書、p. 23。
51）田中修司「西村伊作の研究（7）－西村の教育施設の理想と“若竹の園”」（『日本建築学会梗概集』1995年）、p.85。
52）沢山美果子「1920年代の岡山における女子工場労働者と託児所」（『季刊　地域文化研究』第4巻第3号、1984年）p.10。
53）小河滋次郎は長野県に生まれ、1884（明治17）年東京専門学校（前早稲田大学）卒業、1886（明治19）年東京大学法学部別科法学科卒業後、内務省で監獄行政を担当する。1900（明治33）年司法省監獄事務官、1910（明治43）年退職。1913（大正2）年から内務省時代の上司大久保利武が知事を務めていた大阪府救済事業指導嘱託となり、1918（大正7）年民生委員制度の先駆である方面委員制度を創設する。1916（大正5）年から「石井記念愛染園」設立者兼理事の一人として加わっている。高田慎吾は東京帝国大学法科大学監獄学授業嘱託当時の教え子であり、1918（大正7）年、小河の紹介で招聘されて、大原社会問題研究所評議員、幹事となる。
54）若竹の園記念誌編集委員会編、前掲書、p.19。

付論　注

1）若竹の園記念誌編集委員会編、『若竹の園 ―― 75年の保育のあゆみ』財団法人若竹の園、2000年、p.43。
2）溝手美津枝編『倉敷さつき會と若竹の園 ―― 温かき御手にはぐくまれて ――』、財団法人若竹の園、平成22年、p.88。

第3章　高田慎吾の児童養育の社会化

加納三千子

はじめに

1925（大正14）年4月2日、修養教化団体「倉敷さつき会保育所若竹の園」（以下「若竹の園」とする）の開園にあたり、高田慎吾は「児童養育の社会化について」と題して記念講演を行っている。その中で高田は、欧米で取り組まれている養育の国家的負担、社会的負担の実際を述べながら、子どもの養育は一家に任せず社会化・国家化されなければならない時代になってきており、子どもをいかに保護しているかでその国の文明を計ることが出来る。さらに保育所の必要性は、女性が仕事や修養をする場合一日の幾時間かを人に託すところから生じ、将来はなお必要性が高まるであろう、と養育の社会化について講演しているのである[1)]。

「若竹の園」の設立や運営に当たって、その運営母体である「倉敷さつき会」の会長である大原壽惠子やその支援者である大原孫三郎など関係者の子ども観に、こうした高田の「養育の社会化論」は多大な影響を与えたと考えられるが、高田慎吾はどのようにしてその思想を培ったのであろうか。

本稿では、まず高田慎吾の略歴と大原社会問題研究所からの『児童問題研究』出版の経緯を、ついで『児童問題研究』のうち、主に「第一編　児童問題」に収録されている論文[2), 3)]をその経歴との関わりからたどり、最後に彼の著作における記述の変化をみることにより、「児童養育の社会化」に到達した高田慎吾の考え方の変化を明らかにしたい。なお、『児童問題研究』における高田の論文は旧字体で著されているが、本稿では概ね現在使用されている漢字で表記した。また、論文の引用部分をはじめとして文中の文言はなるべく当時の高田の文章を活かした表記とした。

1　高田慎吾の略歴と『児童問題研究』出版の経緯

1－1　高田慎吾の略歴

まず高田慎吾の略歴を主に『児童問題研究』（大原社会問題研究所、同人社書店、1928年）に収録されている略歴や『渡辺海旭、矢吹慶輝、小沢一、高田慎吾集（社会福祉古典叢書　6）』（吉田久一・一番ヶ瀬康子編、鳳書院、1982年）の解説文章等[4]からたどってみた。

高田慎吾は1880（明治13）年に熊本県八代市に生まれている[5]。後に深い関わりを持つことになる大原孫三郎も同じくこの年に誕生している。1899（明治32）年に東京私立青山学院中学部に学び、その在学中にキリスト教・プロテスタントに入信している[6]。卒業後熊本第五高等学校を経て1908（明治41）年に東京帝国大学法科独逸法科を卒業している。社会事業に関する法規を専攻し、在学中には小河滋二郎[7]の監獄学の授業を受けている。

大学を卒業後東京市養育院[8]に就職しているが、1912（明治45）年2月には渡米して社会事業の視察研究を行い、翌年10月に帰国している。1914（大正3）年には内務省地方局救護課に職を得、同時に中央慈善協会委員になり、さらに東洋大学の講師も兼ねて社会事業の講座を担当していた。この頃、小河滋二郎を助けて国立感化院（現国立武蔵野学院）の設立にも貢献している。またいつの頃からかセツルメントの提唱者であるアーノルド・トインビーを思慕していたという[9), 10]。

1918（大正7）年に内務省を辞職し、7月には石井記念愛染園社会事業職員養成所の主任として赴任。翌年、大原社会問題研究所とともに設立された社会事業研究所の幹事となり、社会事業研究所が大原社会問題研究所と合併後はその幹事に就任している[11]。その間腎臓結核により入退院を繰り返しているが、1923（大正12）年には大原社会問題研究所からヨーロッパへ派遣されて翌年帰国し、その翌年の1925（大正14）年4月には「若竹の園」の開園記念講演を行っている。そしてその2年後の1927（昭和2）年7月5日には死去。享年47歳であった。

1－2 『児童問題研究』出版の経緯

高田慎吾の死去にあたって、大原社会問題研究所は「葬儀は所葬にして当研究所で執行することによって同氏の功績に対して深甚の敬意を表するとともに、更に同氏を記念するため同氏の遺稿を編纂出版することをも決定」し、その仕事を「萩原久興、大林宗嗣、森戸辰男」に委嘱している。高田慎吾の専門が児童問題であったこと、彼の著作の主要部分を児童問題が占めていたことから、その書名は『児童問題研究』となり、四編で構成されている。すなわち、第一編は「児童問題」に関する13の著作で構成され、高田慎吾の関心の強かった「社会事業及び社会事業家」に関する著作を第二編、第一、第二両方の見地に立って取り扱われた「社会的諸問題」に関する論文を第三編、正面又は側面から高田慎吾の人間性がうかがえるような文章を第四編に編纂してある[12)]。

2　経歴からみる論文の特徴

まず『児童問題研究』所収のうち主に児童養育の社会化に関わる第一編論文を執筆順に並べてみた。第一編には執筆年が明らかでない「第1章　児童保護事業」、「第2章　児童問題の概況」、「第8章　少年労働者問題」の3編の草稿がおさめられているので、まずこれらの執筆年代を推定してみた。

「児童保護事業」は最初に掲載されていること、1913年度オーストラリア中央政府の児童保護への支出額が記載されていることから、1914年頃の執筆と推定した。「少年労働者問題」には、1918年に通過した英国の法律について記載されていること、この論文の一部は1919年7月発行の「救済研究」に掲載された「第9章　少年指導論」に含まれていることから、執筆年を1919年の早い時期と推定した。「児童問題の概況」については、「昨1925年」と言う記載があることから1926年の執筆と考えた。

こうして高田の論文を執筆順に並べてみると、1919年の大原社会問題研究所の幹事就任時期を境にして、論文のタイトルや内容に変化がみられた。そこで、大原社会問題研究所幹事就任以前を前期、それ以降を後期に分けてその著述内容の変化を分析してみることにした。

2－1　前期（大原社会問題研究所幹事就任まで）

『児童問題研究』所収論文の中で、最も早い時期に書かれたのは『児童保護事業』（『児童問題研究』pp. 3 － 12、草稿、1914年頃と推定）と『米国における児童保護事業』（『児童問題研究』pp. 192 － 216、1914年10月、第7回感化救済事業講習会に於ける講演、のち活字化）であった。これらの論文は、家庭における育児は社会的意味を持つものであると規定した上で、家庭は最も児童の養育に適した場所であるとしている。こうした家庭での養育がかなわないものにどのような手をさしのべるべきか、と模索しているのである。そのうちアメリカの棄て児・私生児の状況や子どもの就労実態および、保育所・託児所、孤児院、家庭委託制度の運営状況等社会事業を視察し報告したものが『米国における児童保護事業』である。

親権者や保護者が充分に児童の養育が出来ない、あるいは怠ったり誤ったりした場合には、国家がこれに代わって子ども達を収容して矯正補充を行う、これが感化事業であると『感化事業について』（『児童問題研究』pp. 167 － 191、1914年10月感化救済事業講演会で講演、のち出版）の中で述べている。さらにその中では、不良になる原因、保護教化の方法、不良児に対する予防的施設についても言及している。

では、不幸にして罪を犯した子ども達をどうすればよいのか。この点を『少年裁判所』（『児童問題研究』pp. 158 － 166、日本犯罪学会年報、第四巻、大正5年度）の中で論じている。少年裁判所は刑罰を科すのが目的ではなく、子どもを保護し社会生活ができるよう教育するのが役目である。したがって児童を審理する裁判所、法廷、裁判官は、大人の場合とは異なる特別な配慮が求められていることを、欧米の例を挙げながら述べている。

さらに高田は、子どもの健全な養育を阻むものの一つに幼少時からの子どもの労働問題があると考えている。この観点から書かれたものが『少年労働者問題』（『児童問題研究』pp. 128 － 157、草稿）と『少年職業指導論』[13)]（『児童問題研究』pp. 137 － 57、救済事業研究会において講演、「救済研究」第7巻第7号）である。この中では産業革命以降の社会の変動により不熟練な少年労働者が増加したこととそれに伴う弊害を明らかにするとともに、イギリスやアメリカの職業指導や職業教育の状況およびその必要性について述べている。

このように、前期における論文の多くは、親の養育を受けられない子どもをどのように養育するか、どのようにすれば少年の不良化を防ぎかつ更正させることが出来るか、と言う視点から執筆されていた。

これらのテーマは、東京市養育院就職当初にかかわった児童の身分帳作成作業を通じて得られた問題意識によるものと考えられる[14)]。

2−2　後期（大原社会問題研究所幹事就任以降）

大原社会問題研究所に移って最初の論文は『英国の児童保護制度について』（『児童問題研究』pp. 217 − 236、大正11年救済事業研究会講演、「救済研究」第十巻第6号）である。この論文ではイギリスにおける児童保護に関する法令が第一次世界大戦を境にどのように変化をしたのか、日本の児童相談所にあたる児童保護所で行われている事業、自宅分娩への援助などについて述べている。またこの論文では「ドイツのパンフレットによると」、としてソビエトロシアの児童および母性保護制度についても報告している。この論文の特徴は、前期と異なり孤児院や感化院にいる特別な子どもではなく、一般家庭の子どもの支援にも目を向けている点であろう。

親が生活に困窮して子どもを育てられない時、子どもは親から引き離されて育児院等の施設に収容されてきたが果たしてこれでよいのか、と問題を投げかけたのが『無産児保護策に於ける新傾向　〜母親扶助法の研究〜』（『児童問題研究』pp. 58 − 97、「大原社会問題研究所パンフレット」第4号）およびそれに引き続き著された『児童の公的扶助問題』（『児童問題研究』pp. 98 − 100、「大原社会問題研究所雑誌」第三巻、第1号）、『児童保護の経済的基礎』（大原社会問題研究所雑誌、第三巻第2号、1925年4月）、『児童養育費問題について』（『児童問題研究』pp. 47 − 57、「社会事業研究」第十四巻第1号）であった。これらはいずれも、貧困が児童の健全な生育を阻んでおり、子どもを持つ貧困家庭への公的扶助が欠かせないと言う視点から著され、欧米のそうした諸制度を紹介している。しかもその内容は、生活困窮家庭の子どもへの支援から徐々に一般家庭の子どもも視野に入れたものへと変化している。

『無産児保護策に於ける新傾向　～母親扶助法の研究～』では、欧米に於けるこの母親扶助法立法の趣旨、法制定の沿革、受給者の条件、支給条件等の他、施行上の注意などを述べている。あわせて、付録として「マサチュウセッツ州の窮児を有する母親に対する適当なる扶助に関する法律」、「母親扶助に対する州慈善局の方針」、「ボストン市に於ける母親扶助に関する統計」についての紹介もおこなっている。

『児童の公的扶助問題』では、児童の扶養は社会的負担を負うべきであるとする英国の全国労働婦人大会決議「母性及び児童の公的扶助に関する報告」について述べている。具体的には教育費の免除と生活の保障、医療費の無料化、母性保護に関するワシントン会議の決議を一般女性にも適用すること、純良牛乳を低価格で支給、一日一回の学校給食の支給などが挙げられている。

さらに『児童保護の経済的基礎』になると経済的な問題だけではなく、「今は全児童は国児としてあるいは社会児として均しく社会の擁護を受けて幸福なる生涯を迎え、未来の立派な社会の成員として立つべき時期が、まさに到来せんとしている」と児童養育の社会化についてもふれている。

ヨーロッパからの帰国後に書かれた『児童養育費問題について』(『児童問題研究』pp. 47 － 57、「社会事業研究」第十四巻第1号）では一般家庭、なかでも賃金生活者の児童扶養費について論じている。第一次大戦後の経済恐慌により家族手当が支給されるようになったが、一般経済問題、児童問題としてだけでなく、女性の地位の向上や同一労働同一賃金の支払いなど婦人問題との関連からも論じられている。

そうした経過を経て、テーマを女性労働に絞った『女子労働問題について』(『児童問題研究』pp. 299 － 308、工場研究第19号、1925年7月）が著されたわけである。ここでは、女子の職業教育、女子の職業条件、婦人の解放について述べている。なかでも婦人の解放には食事の社会化と育児の社会化が必要なことを強調している。

婦人運動との関わりから婚外子問題に目を向けたものが『私生児問題について』(『児童問題研究』pp. 101 － 127、大原社会問題研究所雑誌第四巻第1号）である。婚外子というだけで法律上・生活上不当な扱いを受けている状況にありながら、「均しく人の権利の主張に関する婦人運動及労働運動が最も世論を喚起するに拘わらず」盛り上がらないのは何故か、と問うている。その理由の一つは、「その利害関係が主として能力の充実せざる児童に存し」、子どもと直接の関係のある「母親が社会道徳上の弱点を有し、公然差別待遇の不正を訴える能わざる」ためによるとしている。しかし、一般児童保護施設の発達並に婦人運動の進捗と共に近時漸く世人の注意を惹起する」に至ったのだとして、欧米の状況を婦人運動との関わりで分析すると共に、我が国の遅れた状況についても論じている。

晩年近くに著された『児童問題の概況』(『児童問題研究』pp. 13 − 29、講演又は講義の草稿と思われる。1926年の執筆か）では第一次世界大戦により最も悲惨な影響を被った欧州諸国の児童救済を目的とした国際的団体の取り組み、およびそこから発展して平時の児童福祉への推移に触れている。すなわち、1924年スイス・ジュネーヴで開催された「第一回児童福利国際大会」およびゼネバ（ママ）宣言[15]、「汎アメリカ国際児童保護局」の設置、国際連盟事務局に「幼少年保護委員」の設置など海外に於ける児童保護の動向について述べている。

以上のごとく大原社会問題研究所幹事就任以降は、欧米の児童保護や母性保護の法制度を紹介しながら、児童の健全な養育を行うために必要な社会的支援のあり方を中心に論じている。経済的支援を中心とした論文から、漸次広く子どもや女性をとりまく諸問題を視野に入れた児童の社会的養育論へと発展してきている。当時の大原社会問題研究所に集まっていた錚々たるメンバーの影響を受けているものと考えられる[16]。

3　高田慎吾の養育の社会化論

高田慎吾が「若竹の園」の開園記念講演の中で述べた養育の社会化論は、東京市養育院で携わった業務、大原社会問題研究所幹事就任前後の欧米の視察研究や法制度の紹介などの中で培われたものと考えられる。

ここでは、子どもの養育観に深く関わっていると思われる、家庭観、家事労働の社会化、女性労働のあり方、および養育の社会化に関わるさまざまな社会的な支援のあり方の四側面から高田慎吾の論文を分析し、養育の社会化論の形成について考察してみた。

3－1　家庭観について

前期の早い時期に書かれた『児童保護事業』においては、執筆時より約10年前の米国ワシントン児童大会に於ける「家庭は文明の最も高貴なるまた最も美しき産物である。家庭は精神の修養、品性の陶冶に最も強き勢力を有する」との決議を引用しながら、育児における家庭の役割は大きく、育児は「家庭において両親の膝下」で育てることが「最も自然であり、適当な育児法であると信ずる」と述べている。

そのことが困難な母親に対して、『無産児保護策における新傾向～母親扶助法の研究～』では母親が子どもの養育に適当な資格を有すること、及び家庭において育児に従事することを条件として支給される欧米の母親扶助料制度について紹介している。

ところが晩年に近くなって著された『児童問題の概況』においては、ゼネバ宣言の説明をしながら、これまでとは異なる家庭観、児童保護論を展開している。すなわち従来の児童保護は「家庭において親が自ら養育することが、自然の権利で有り、又当然の義務」であるようにみなされてきた。したがって児童保護の問題は「主として家庭の保護を受けない窮児の救護」であり、保護の対象になるのは「遺児、棄児、貧児」に限られ「宗教家の慈善事業」として行われていた。しかし社会状態の変化により、まず労働婦人のための託児所、不良児童の保護事業の発達、乳幼児及び母体の保健、少年労働者の保護、職業指導など児童問題は多岐多様となったこと、ついで児童問題は労働問題や婦人問題に含まれるあるいは密接な関係を有するようになった、と広い視野に立って児童問題を論じている。

最晩年に書かれたと思われる『家庭を中心としたる社会事業』17)（『児童問題研究』pp272 － 282、草稿、最晩年に近いものと考えられる）では、家庭の構成状況は一定普遍ではなく、これからも変化するであろうと予測している。その変化に応じて、その時代や地域により必要とされる社会施設が変化していくと述べている。こうした視点に立って保育所問題も論じている。昼間保育所は家庭育児の放棄を奨励するものだ、と言う意見に対し「保育事業は家庭状態の変化の結果生み出されたもの」であり、保育事業そのものが家庭崩壊の要因ではないと反論している。

そして「今後の家庭は家のためにあるのではなく、社会の維持、発達、福祉」を目標とするものであると、これまでの家族のあり方との違いを明確にしている。さらに、これまでの社会事業が「家庭を組織する人間を個々別々に、引き離して、考えていた」事が問題で、「一つの団体として眺め、この団体生活の健全なる発展を期待する」ように考えることが必要であるとも述べている。

このように、家庭は文明が生み出した最高のものであると言う見方から、家庭のあり方の変化にともない必要とされる社会的支援も変化し続けるであろう、と流動的に考えるようになってきている。こうした家庭観の変化は、日々の生活に付随する育児などさまざまな家事労働に対する考え方にどのような影響を与えているのであろうか。次項ではそのことを探ってみたい。

3－2　家事労働の社会化

高田慎吾の初期の論文では、親の育児は一家の私事ではなく国家的事業だと位置づけてはいるが、児童は家庭で育てられるのが最善と考えていた。すなわち『児童保護事業』においては家庭を「児童教養機関」と位置づけ、同様な視点で『米国における児童保護事業』においては、保育所（託児所）は孤児院や家庭委託制度とともに「已むを得ざる慈善事業である」とし、米国全土には「500の保育所に17,000の保育児のあるを聞いて悲惨だ」という感じを持ったと述べ、「保育所の不必要な社会組織」をつくることが大切であるとも著し、家事労働は家庭内で行われるのが当然と考えていた。

ところが大原社会問題研究所に赴任後に著した『無産児保護策における新傾向』では、社会養育と家庭での育児のメリットデメリットを挙げた上で「ある程度の母親の労働は子どもの教育上にかえって有益な結果をもたらすことがある」と母親の就労をある程度認めるようになってきている。さらに家庭養育に依り難い特殊の子どもがあり、又、終日家庭に子どもをおかなければならないこともないから「ある子どもの為に、又ある場合に子どもを収容するために、共同養育所を設くることにあえて反対しない」とも述べるようになっている。

ところが『英国の児童保護制度について』の中で、ドイツのパンフレットに掲載されていたソビエトロシアの女性の働き方を紹介することで、家事労働に対する見方が大きく変わってきている。保育所の状況報告をしながら、「家庭の一部の仕事というものは自然共同経営の下に移されることが必要ではないか、むしろそれは今日そういう趨勢になっている」とし、さらに国家の施設や第三者の施設を待つよりも「我々そういう必要を感じる者だけでも協同して、例えば今申した保育所の如きものを作っていくことが必要であり、社会発展の一つの順序ではないか」とまで述べている。

さらに『児童保護の経済的基礎』においては、この論文が執筆された当時、高田はすでに日本の家族制度の根幹をなしていた戸主制度は崩壊していると述べている。その上で、資産のない民衆の間では夫の扶養能力は日々減退し、妻子も生計のために労務を余儀なくされており、「児童は母親が自ら保育することが児童の精神身体の発育上望ましい」とはしながらも、妻も働かざるを得ない状況下では「昼間保育所又は託児所が必要」であり、「託児所は家庭の補助機関であり、又児童保護の社会化の一表徴であるとも見られる」と児童養育の社会化についてもふれている。

そして母親が生計上労働する必要がない場合でも、育児以外の家事、又は自己修養の時間を得るために一日数時間児童を委託する社会的設備の存在は女性にとって便利であるとし、中産以下の家庭では女中の雇い入れは困難であるし、今後女中はますます減少するであろう、と社会変化の中での必要性も述べている。また、託児所の役割は単に子どもを預かるだけでなく、「児童養育に関する科学的知識を親に供給する場」であり、「児童学に関する親たちの共同研究所として発達」すべきで、「こういう託児所が町を適当な距離に区画して設置されることは、最も社会の需要に応ずる必要な設備」と託児所の果たすべき役割についても述べている。まさに第二次世界大戦後の日本各地で「ポストの数ほど保育所を」のスローガンを掲げて取り組まれた保育所設立運動の先駆けとなることを、すでにこの時代に論じているのである。

また、『女子労働問題について』においては、女性の働き方との関わりの中で家事労働のあり方を示している。すなわち、婦人の解放は「クロパトキン（ママ）の云える如く、大学、裁判所又は議会の門戸を婦人に開放することではなくて、むしろ台所と洗濯たらひから自由になり、又、子どもを託すべき理想的教養所を見出して社会的生活に参与することである」として、婦人解放は家事労働からの解放であるとしている。そして将来「労働能力を有する家庭は、全て家庭外の職務に従事し、家事及び育児の如き婦人の家庭的仕事は、諸種の社会的施設に委譲されるであろう」とその展望を述べるとともに、女性の解放は住宅の改造、食事や育児の社会化をはじめとする家事労働の社会化と切り離せないものであることを述べている[18)]。こうした考えに到達した高田の、女性の労働に対する考え方はどのように変わっていったのであろうか。次項ではこの点を考えてみる。

3－3　女性労働のあり方

初期において高田は子どもは母親が育てることが一番良いことで、保育所を必要としない社会を目指したい、と言っていた。ところが『女子労働問題について』の論文においては、女性が働く事への考え方が大きく変わってきている。すなわち、女子職業問題を考える時の視点には二つあり、どちらの立場に立って考えるかであるとしている。一つは女子は専ら家庭を守ることが本来の任務で、職業婦人は特殊の事情にある者の変則的又は一時的なものであるという考え方であり、今一つは女子も又男子同様何らかの社会的任務を負担することが社会趨勢であるという考え方である。高田慎吾自身は「女子が家事を専務とする家庭の様式は漸次崩壊して、女子も又家庭以外に於いて何らかの社会的職務に従事する」ような社会になるであろう、と後者の立場に立った展望を述べるまでに変わってきている。

そして女性が職業について活動するには、一つは公私にわたる全ての職業を女性に開放すること、今一つは同一の仕事に対して男性と同一の報酬を要求すること、であるとしている。その為に「使用者」は、職業婦人を一個独立の労働者として、男子と同様に待遇し、且つ使用者の社会的奉仕として母性を尊重することとし、「社会」は女子の教育的設備及び家事育児に関する社会施設を整備し、使用者の営利的競争の犠牲から婦人を擁護すること、

「職業婦人」は個人及び社会上の必要から、其の要求を貫徹すべく団体を組織すること、「男子」は女子の人権を認め、之が向上発展のため、旧来の家庭生活を改め、快く女子を社会的任務に尽かせしめねばならぬ、と女性が職業に従事するために取り組まなければならない課題をあげている。

最後に女子が職業を持つことの意義を、「女子の職業」は経済上の問題ばかりではなく、自己表現の一方法であり、人類の進歩発達に必要なことである、と労働は人間の権利の一つであるととらえるようになっている。

このように、児童の社会的養育は家事労働の社会化を伴った女性の働く権利の確立と深く関わっていることを、高田は示している。

3－4　養育に対する社会的な支援のあり方

高田慎吾の考えた養育の社会化とは、託児所の設置や家族手当のほかにも乳幼児が健康に育つ環境づくりや健全な国民として育つ環境づくりなど、子どもの育つ権利を保障するさまざまな社会的支援が必要だと考えている。この項では、そうした社会的施設・支援のあり方に対する考え方の変化をたどってみることにする。

初期の段階で取り上げていた社会的支援は、イギリスのレッドヒル感化院に例をとった富豪者が同情を寄せた援助であった。すなわち「朝野の名門貴紳が常に精神的又は物質的深厚なる同情を寄与することを吝まず、記念会、演芸会等の開かるる場合には忙中を排して、ここに収容少年と一日の清遊を偕にすべく遠来する者踵を接す」といい「運動会遠足会等の行なはるる場合には、富豪貴族が至る所の別墅又は猟場に院児の一行を招き、彼自身が其の家族と共に接待者となって歓迎を尽くす事亦たほとんど恒例とする所なり」と（『感化事業について』）。

一方、社会の子どもとしての経済的支援の必要性については、初期の論文からその記述が見られる。『児童保護事業』においても、「家庭生活における一定の収入の少なき結果は児童の養育に忽ち影響する」とし、幼児死亡率の多さも貧窮に原因があるとし、工場法の母体休養の規定も「休養中母体の経済的保障がなければ不十分」と述べるなど、経済的支援の確立が重要であると述べている。

しかし、経済生活の確立のためには、少年労働の質、就労への指導・支援、職業指導[19]も重要な問題であると提起している（『少年労働者問題』、『少年職業指導論』）。「家に余財のある者の子弟には国家は大学教育を受ける特権を与え、家貧しければ学校教育さえ充分に受くる能わずして幼弱の身を資本家の駆使に委ねざる可からず、人間果たして平等なるものなりや」と経済的な問題を投げかけ、さらには産業革命以降の不熟練労働者の増加は失業者を増加させ、将来家庭を担う若者の貧困の再生産になると危惧していのである。

一方、女性の権利の視点も加わった経済的支援を論じたのが『児童養育費問題』である。ここでは、子どもの養育が親の所得に支配されることは社会の矛盾であるとしている。あわせて、婦人の自主的人格の確保は、経済的に夫の扶養から脱することが必要である、と述べ、その視点からも児童養育費の支給が必要である、としている。

それ以外にも、欧米諸国のさまざまな支援事業を紹介している。『米国における児童保護事業』では、母親が第一の親であり、国家を第二の親と位置づけ、母親の養育が困難なときには国家がこの子どものために「養育費」を支出することは当然のこと」、としている。さらにこの中では、アメリカでは育児相談所や牛乳を供給するミルクステーションなど赤ん坊を保護する政策がとられており、日本よりも嬰児は社会的に保護されている、と評価している。

『英国の児童保護制度について』では、乳幼児の死亡率を下げるために出産届法により、出生後36時間以内に届けさせることとしている。このことにより、妊婦や産婦を把握し、健康巡回訪問委員が産婆と相談して産婦を支援することにしている。その他には、日本の児童相談所にあたる児童保護所で行われる、医師による母親の定期的な健康診断や母親への育児上の指導、育児に関する教育や料理・裁縫などの指導、妊婦、小児の看護を要する疾病に備えて病院の一室やベッドを確保、自宅分娩の時の派出婦（ホームヘルプス）の派遣、乳児死亡率の実情と乳児保護の必要性を説いた乳児週間や展覧会の開催、等を行っていると紹介している。

さらに『児童問題の概況』になるとゼネバ宣言を紹介しながら、児童の社会的養育に軸足を移した支援のあり方を論じている。

すなわち「児童に対しては人種、国籍、信仰の如何に関わらず、最善の努力を尽くさねばならぬ義務あることを認め、各国の男女は児童の権利に関する本宣言即ちゼネバ宣言を以て、下の如くその責務を漂白する。第一に児童が身体並びに精神上正規の発達を遂ぐるには、あらゆる必要な方法が講ぜられねばならない。第二には児童にして飢ゆる者には食を給し、病める者には看護を加え、劣等児はこれを補導し、不良児はこれを教化し、孤児・捨て子はこれを救護せねばならぬ。第三には危難に際して児童は最先に保護されねばならぬ。第四には児童には生計を立つるに必要な能力を獲得せしめ、またあらゆる虐使からこれを保護せねばならぬ。第五には児童はその全能力を人類同胞のために捧ぐるように教育されねばならぬ」とゼネバ宣言を紹介しているのである。

しかし当時の日本における児童保護事業の実施は、明治維新以降約半世紀しか経っておらず、欧米の状況に比べるとその歴史も極めて浅いものであった。『児童問題の概況』の中で「窮児の救護および盲児聾唖者の教育」と題して、我が国の窮児の養育方法、盲児聾唖者の教育、不良児の保護教育、感化法、少年法、矯正院法について述べている。そして、大衆の家庭生活様式の変遷、社会状態の推移時期にあり、すなわち家庭が従来の如く児童の訓育に対し権威を有しないようになった今日に於いては、これに変わるべき児童保護の種々なる施設が備わらなければ健全なる児童の教育は到底おぼつかない、と述べている。

高田の死後約90年。現在も家庭生活は変化し続け、女性の働く環境や子どもの育つ環境に新たな課題が生じてきている。こうした課題に対応する新たな取り組みや施設づくりをする、そのような社会にしていくことが高田慎吾の望む養育の社会化ではなかったろうか。

おわりに

以上、高田慎吾の著作論文から「養育の社会化」に関する彼の思想変化をたどってみた。彼の児童問題に関する著作活動は1914（大正3）年、34歳の時から始まり、1927年（昭和2）年47歳までの13年間であった。この約10

年余りの間に、彼は非常に大きな思想的変化を遂げているという印象を受けた。

すなわち、子どもは「両親の膝下」で育つことが「最も自然で」「適当な育児法」と述べていたものが大きく変化しているのである。その変化の一つは共同養育所をはじめとする児童保護の種々の施設や経済的支援が必要であること、二つ目には児童養育問題は女子労働問題と深く関わり切り離せないものであること、三つ目にはその女子の労働は自己表現の一方法で人類の進歩に欠かせないものである、と変わってきたのである。

約10年間の著作活動の中で、何故彼はこうした世界に到達することが出来たのであろうか。高田の著作を整理する中で、初期の段階から、彼にはこの世に生を受けた子どもには、たとえ貧しい家庭に生を受けようが、私生児であろうが、障がいを持っていようが、それぞれの状況にあった教育を受けることが出来、心身共に健康に育ってほしい、と言う願いのこもった言葉を散見することが出来た。そのための方法が初期には、両親のもとで育つことの出来ない子どもにどのような支援をするか、であった。それが発展して、働かなければならない母親をどう支援し、どのような社会的環境を整えれば子どもの健全な養育にプラスするか、と言う視点へと発展していっている。

初期の思想は青山学院中学時代に入信したキリスト教の奉仕・博愛の精神によるものと考えられる上に、東京市養育院での実践的な仕事により育児事業の任務の大切さを学ぶとともに、自分の仕事は社会上いかなる位置を占め自分の人生観や宗教観と仕事との脈絡を保ち、仕事の意義を探る努力を怠らなかったことも大きいであろう[20)]。

さらに石井記念愛染園での実践活動や米騒動前後の時代背景と、大原社会問題研究所の同僚からの刺激が加わることで、高田の「初期の慈善救済思想」は「著しく社会性が深まった」と考えられる[21)]。

こうした高田の理念の変化は、高田の死よりおよそ半世紀後の国連による女性の人権と養育の社会化の宣言への先駆けとして注目できる[22)]。現在においても未だ解決しているとは云えない「子どもの社会的養育」問題を「人間（女性）の働く権利」と「子どもの育つ権利」の視点からとらえることの先駆けとなったのである。

付表　高田慎吾著作目録

論文名	掲載雑誌名	年月	「児童問題研究」所収
児童保護に関する特殊機関設置の必要	「慈善」第三編第4号	1912（明治45）年4月	
紐育ペアレンタル・スクール	「九恵」147号	1912（明治45）年5月	
英国における嬰児保護法の沿革	「慈善」第五編第1号	1913（大正2）年7月	
児童保護事業	草稿	1914年？	○
北米合衆国における昼間幼児保育事業	「慈善」第五編第4号	1914（大正3）年4月	
私生児処遇に就いて	「九恵」163号	1914（大正3）年9月	
米国における児童保護事業	「講演筆記単行本」	1914（大正3）年10月	○
トラピスト修道院付属学園と行者の生活	「慈善」第六編第3号	1914（大正4）年1月	
北米合衆国児童救済事業視察報告	単行本	1914（大正4）年4月	
結核療養家庭病院	「慈善」第七編第4号	1916（大正5）年4月	
感化事業について	単行本・大正3年10月感化救済事業講演会で講演	出版年不詳	○
シアトル少年裁判所年報を読む	「救済研究」第四巻第4号	1916（大正5）年4月	
米国における育児の院外給與制度について	「救済研究」第四巻第8号	1916（大正5）年7月	
慈善学校の設立について	「慈善」第八編第1号	1916（大正5）年7月	
少年裁判所について	「日本犯罪学会年報」第四巻大正5年度	1917（大正6）年3月	○
育児事業の一般問題	「九恵」194号	1917（大正6）年4月	
養育院在職中の回顧	「九恵」200号	1917（大正6）年10月	○
戦争と不良少年	「社会と救済」第一巻第2号	1917（大正6）年11月	
現代の救済事業並びに救済事業家の資格	「社会と救済」第一巻第3号	1917（大正6）年12月	○
偉大なる黒人ブーカー・ワシントン伝	「社会と救済」第二巻第2号～6号	1918（大正7）年5月	
幼児保護に関する社会的施設の必要を論ず	「救済研究」第七巻第4号	1919（大正8）年4月	
救済の意義	方面委員初期講習会講演集	1919（大正8）年5月	

東都救済事業界の近状を論じて大阪の夫れに及ぶ	「救済研究」第七巻第6号	1919（大正8）年6月	
少年労働者問題	草稿	1919年？	○
少年職業指導論	「救済研究」第七巻第7号	1919（大正8）年7月	○
救済事業講演委員設置の必要を論ず	「救済研究」第七巻第9号	1919（大正8）年9月	
商業使用人の週休制度について	「救済研究」第七巻第4号（ママ）	1921（大正10）年7月（ママ）	○
英国の児童保護制度について	「救済研究」第十巻第6号	1922（大正11）年6月	○
無産児保護策における新傾向	「大原社会問題研究所パンフレット」第4号	1922（大正11）年8月	○
児童の公的扶助問題	「大原社会問題研究所雑誌」第三巻第1号	1924（大正13）年12月（ママ）	○
海外発展と社会事業	「社会事業研究」第十三巻第2号	1925（大正14）年2月	
普選法案中の欠格者に就いて	「大原社会問題研究所雑誌」第三巻第2号	1925（大正14）年4月	○
児童保護の経済的基礎	「大原社会問題研究所雑誌」第三巻第2号	1925（大正14）年4月	○
女子労働問題について	「工場研究」第19号	1925（大正14）年7月	○
民間社会事業団体の使命	「社会事業研究」第十三巻第10号	1925（大正14）年9月	○
児童養育費問題について	「社会事業研究」第十四巻第1号	1926（大正15）年1月	○
河岸の並木道と寺町の寺院道	「大大阪」第二巻第1号	1926（大正15）年1月	○
私生児問題について	「大原社会問題研究所雑誌」第四巻第1号	1926（大正15）年2月	○
花柳病予防策	「大大阪」第二巻第6号	1926（大正15）年6月	○
和蘭における生産調節の状況、その他二項	「社会事業研究」第十四巻第7号	1926（大正15）年7月	○
私生児及び家族手当に関する国際婦権同盟大会決議案	「社会事業研究」第十四巻第8号	1926（大正15）年8月	
児童問題の概況	草稿	1926年　？	○
救貧法改正案に対する私見	「大原社会問題研究所雑誌」第五巻第1号	1927（昭和2）年3月	○
家庭を中心としたる社会事業	草稿	最晩年に近いと考えられる	○
随時随感	遺稿中より見つかった唯一の随筆		○

「児童問題研究」付録の「故高田慎吾君著作文献」と「児童問題研究」中の論文より作成
草稿については文中の表現より加納が推定した

注

1）「若竹の園」は倉敷さつき会会長の大原壽惠子より依頼された小河滋二郎により命名された。小河は「若竹の園」の設立意義を、一つにはこうした児童教育に取り組む事業そのものであること、そして今一つはこの事業が養育の社会化の原因になる、と言う二つにあるとしている。（『若竹の園　75年の保育の歩み』、若竹の園記念誌編集委員会編、p. 19、p. 25、財団法人若竹の園、2000）。

なお、「若竹の園」設立の詳細については、本書に収録されている「保育所若竹の園」と大原孫三郎の経営理念（高月教恵）を参照。

2）「家庭を中心としたる社会事業」は第二編「社会事業及び社会事業家」に、「女子労働問題について」は第三編「社会的諸問題」に含まれている。保育所問題は家庭観及び働く母親の問題と切り離せないと考えられるので、これらの論文も含めて考察することにした。

3）「大原社会問題研究所旧所員・嘱託等の年譜・著書目録リスト」（大原社会問題研究所雑誌、No. 494・495、2000年、155ページ）には、高田慎吾の著書として『児童問題研究』（高田慎吾著、大原社会問題研究所、1928年、p. 353 – 360　故高田慎吾著作文献・略歴）の他に『社会福祉古典叢書　6』（吉田久一編・解説、鳳書院、1982　p. 558 – 560　故高田慎吾著作文献・略歴）と『日本児童問題文献選集　5』（児童問題研究、高田慎吾著、児童問題史研究会監修、日本図書センター、1983　p. 355 – 357、後 p. 1 – 16　故高田慎吾著作文献・略歴）が掲載されている。これら2冊はいずれも『児童問題研究』が再録されており、それぞれに解説がついている。

4）吉田久一「高田慎吾～大正ヒューマニストの典型～」月刊福祉、52 、pp. 44 – 47、1969年、も参考にした。

5）吉田久一によると、高田慎吾は少年期に家運の衰退に遭遇し、辛酸を味わったという。後年社会事業を志したのは、少年期のこの経験も遠因ではないか、と述べている。（『渡辺海旭・矢吹社会福祉古典叢書　6』吉田久一編・解説、鳳書院、1982　pp. 600 – 601）。

6）吉田久一「高田慎吾 —— 大正ヒューマニストの典型 —— 」（『月刊福祉』、1969年）45ページ。

7）『監獄行政官僚と明治日本　～小河滋二郎研究～』（小野修三著、慶應義塾大学出版会、2012）によると、のちに小河滋二郎は第14代大阪府知事大久保利武、第15代林市蔵のもとで大阪府救済事業指導嘱託として大阪の社会事業の組織化に取り組むとともに、石井記念愛染園の理事にもなっている。その関係から高田は愛染園に招聘され、小河滋二郎の葬儀では追悼の辞を読んでいる。

8）東京養育院は、松平定信の七分金積立が東京府に引き継がれたのを活用して渋沢栄一によって明治5年に窮民救済施設として創設された。明治18年には棄児、迷子の救済を始めている。

9）アーノルド・トインビーはイギリスの経済学者で、セツルメント運動を始めたが、実現したのは彼の死後で、1884年に彼の名前を冠した世界最初のセツルメント「トインビー・ホール」が設立された。

10）吉田久一「高田慎吾 —— 大正ヒューマニストの典型 —— 」（『月刊福祉』、1969年）

46ページ。

11）森戸辰男は弔辞の中で、高田は大原社会問題研究所の計画中からかかわっていたと述べている。(『児童問題研究』、付録、364ページ）また吉田によると、はじめ愛染園の二階が大原社会事業研究所であったという（『渡辺海旭・矢吹慶輝・高田慎吾集（社会福祉古典叢書　6)』吉田久一編・解説、鳳書院、1982年、602ページ)。

12）『児童問題研究』(高田慎吾著、大原社会問題研究所、1928年、序および例言)。

13）『少年労働者問題』の「(5）職業指導」がまとめられたものである。

14）『養育院在職中の回顧』(『児童問題研究』pp. 343 － 347、1917年10月、「九恵」200号)。

15）スイス・ジュネーブには世界大戦により悲惨な影響を受けた欧州諸国の児童救済を目的とした国際的団体「児童保護財団国際連合会」が設置されていた。「第一回児童福利国際大会」では、戦後の自動救済はほぼその目的が達せられたので1926年から平時における児童福祉の増進にかかわることとなり、平時における児童救済に取り組むべき課題をジェネバ宣言（ママ）にまとめるとともに、世界における児童問題を論評・報道する英・独・仏・その他の国語で執筆された雑誌も発行している。

16）吉田久一は高田の社会事業思想を「社会問題的視点を基本としたヒューマニズム」と位置づけている。そうした思想の形成は石井記念愛染園への赴任時と時を同じくして起きた米騒動のなかで社会的視野を持った社会事業の必要性を痛感したこと、および大原社会問題研究所に移ってからの優れた僚友によるものとしている（『渡辺海旭・矢吹慶輝・小沢一・高田慎吾集（社会福祉古典叢書　6)』吉田久一編・解説、鳳書院、1982　602ページ)。

17）この論文の最後には以下のような編者による注がついている。

緒論および第一節のみが完全に書かれているが、第二節以下は第二節の初めとまとめの2行を除くと断片に近いものであった。従って編者が目次及び細目に従って整理したものである。本論文の区分を章、節、講としたのも編者である。

18）ソビエト以外でもこの時期、家事労働・育児の社会化についての取り組みが行われている。ドロレス・ハイデンはその著書『家事大革命』(野口美智子、藤原典子他訳、頸草書房、1985）の中において、19世紀中頃から20世紀前半にかけてボストンやニューヨークを中心にアメリカ合衆国のフェミニスト達が住宅設計の面から家事労働・育児の社会化の取り組んだことについて述べている。

19）イギリスの例としては巡視員を置いて雇い主に子どもが補修学校に通学する機会を与えたりするよう勧告したりする「徒弟及び熟練職業協会」、「14歳から20歳の女中の監督保護をする会」やイギリス・フィンチレーで行われる学校を含めて組織的に職業指導が行われている例について述べられている。また、アメリカのVocational Gaidannceでは①子どもの研究、② 産業界の調査、③ある一つの職業についての準備を行った上で、最後に職業紹介を行っている。教育関係者、職業従事者、社会事業関係者で組織されたボストンの職業局（Vocational Bureau）では職業に関する調査研究、職業を選択する人に材料を供給し、児童の職業指導について学校の教職員向けの講習会の開催などを行っている。独逸の帝国工業法のなかには子どもが職業に習熟するよう、徒弟期間、相互の義務、契約不履行の場合の条件や徒弟期間終了時に出す修了証書などについて細かく規定している。

20）高田慎吾「養育院在職中の回顧」（『児童問題研究』同人社書店、1982年、344－345ページ。
21）『渡辺海旭・矢吹慶輝・小沢一・高田慎吾集（社会福祉古典叢書　6)』吉田久一編・解説、鳳書院、1982年、607ページ。
22）1979年に国連総会で決議された「女子差別撤廃条約」。

第4章　子どもの貧困と「子育ち」支援

――釜ヶ崎の「こどもの里」(無認可児童館)の歴史と実践を支える理念――

八重樫牧子

はじめに

都市化、核家族化、少子化、そして共働き家庭の一般化により、子どもを取り巻く家庭や地域社会が大きく変化し、かつては子どもを産み、育ててきた家庭や地域社会の子育て機能や教育力が、いま大きく低下している。その結果、子どもや親子関係に関する問題、たとえば子どもの犯罪、いじめや不登校、ひきこもり、自殺そして児童虐待などが深刻な社会問題となっている。このような子どもや子育て家庭の「子育ち・子育て」問題を解決するために、子どもの「育ち」、親の「育ち」、「子育て」に関する社会的支援の必要性が増大しており、子どもの「育つ権利」を保障するために「子育ての社会化」に向けた施策が多様に展開されている[1)]。

ここで取り上げる釜ヶ崎の「こどもの里」は、大阪市の「子どもの家事業」[2)] として子どもたちの健全育成を目指した活動を行っている無認可の児童館である。児童館は、「児童福祉法」第40条に定められた屋内型の児童厚生施設であり、「児童に健全な遊びを与えて、その健康を増進し、又は情操をゆたかにすることを目的とする施設」である[3)]。1948（昭和23）年に児童福祉法が施行された当初は、児童館は遊びを通して子どもの貧困や非行を予防することが中心であったが、1970代以降、都市部を中心に学童保育の受け皿として急速に増えていき、子どもの創造性や社会性の発達を保障することが重視されるようになった。さらに今日では、子どもたちと子育て家庭の抱える社会問題を地域の中で予防し、早期発見、早期対応するための子育ち・子育て支援の拠点の一つとして重要な役割が期待されている。しかし、2003（平成15）年に「地方自治法の一部を改正する法律」が施行され、児童館にも指定管理者制度が導入された。実践の蓄積のない指定管理者団体が児童館を運営した場合、これまで積み重ねられてきた児童館実践の歴史が無視されたり、評価されなかったりする問題も生まれかねない状況である（八重樫 2012：62 − 96)。今後とも、児童館を継続的に運営し、子育ち・子育て支援を行っていくためには、どのような児童館であったらよいのか。これからの児童館はどのような子ども理念にもとづいたらよいのか。こうした問題を考えるために、大阪市の釜ヶ崎にある「こどもの里」の歴史とそれを支えてきた理念を検討したい。

「こどもの里」は、日雇労働者の街として知られる大阪市西成区の釜ヶ崎[4)]の中心部にある。「こどもの里」は、1977（昭和52）年に学童保育としてスタートし、1996（平成8）年に大阪市独自の事業である「子どもの家事業」の補助金をうけることになった。0歳から18歳までの全児童（障害児も含む）を対象とし、その利用は無料である。運営費は、大阪市の補助金（約3割)、「こどもの里友の会」会員の支援金（約4割）そしてバザーの収益金（約1割弱）などである。2012年現在「こどもの里」に登録している100人の子どもの約半数は一人親家庭であり、約3割は生活保護家庭である。「こどもの里」は、貧困をはじめ多様な家庭事情を背景にもつ子どもたちが利用しており、仲間と遊び、憩い、相談のできる居場所になっている。ここで、「こどもの里」を取り上げることにした理由は、「こどもの里」の実践がすぐれているということだけではなく、今日、子どもの貧困が児童家庭福祉の分野においても重要な課題となってきているからである。

高度経済成長期以降、日本は「総中流」社会であるという考え方を背景に、日本の子どもや子育て家庭が直面している経済状況が、社会問題としてあまり取り上げられてこなかった（阿部 2008：ⅱ)。しかし、2006（平成18）年7月に発表された経済協力開発機構（OECD）の「対日経済審査報告書」では、子育て家族の貧困について、次の3点が指摘されている。第1に日本の子どもの貧困率が徐々に上昇しつつあり、2000（平成12）年には14％になったこと、第2にこの数値がOECD諸国の平均に比べても高いこと、第3に母子家庭の貧困率が突出して高く、とくに母親が働いている母子家庭の貧困率が高いことである（阿部 2008：ⅲ)。2012（平成24）年5月末に、「国際連合」

のユニセフの研究所が発表した日本の子どもの相対的貧困率は14.9%であり、OECD35か国中9番目に高い貧困率であった。GDPが高い先進20か国の中では4番目に高い（UNISEF 2012：11）。日本の子ども約305万人が貧困であり、6人にひとりの子どもが貧困状態にあると推定される。

いま、不安定雇用問題について「全国の釜ヶ崎化」が言われているが、子どもの貧困についても、「全国の釜ヶ崎化」が進んでおり、子どもの貧困はどの地域でも珍しいことではなくなってきている（荘保2013：17）。こうした子どもたち、とりわけ「子育て」の場とみなされてきた「家庭」が解体、あるいは衰弱していて、居場所がない子どもたちをどう受け止め、「居場所」をつくるか、「子どもの貧困」と結びついた子どもの「居場所」づくりの必要性が高まってきている。「こどもの里」は、その一つの貴重な実践である。つまり子どもの貧困という環境の中で、家庭機能の多くが失われてしまった家庭の子どもたちの「子育ち」を「地域社会」のなかで、どのように保障し支えていくかということが今、問われている。釜ヶ崎の「こどもの里」の実践の歴史をたどり、その実践を支えた理念について考えてみたい[5)]。

1　「こどもの里」の創設(1980年)と荘保共子の実践理念

「こどもの里」の歴史は、館長の荘保共子の歴史でもある。

1969（昭和44）年に聖心女子大学を卒業した荘保共子は、22歳の時、カトリック教会の青年会のボランティア活動に参加し、釜ヶ崎にある西成市民館の「土曜学校」で子どもたちの勉強をみることになった。これが荘保共子と釜ヶ崎との最初の出会であった。その当時彼女は比較的中流の階級の子どもたちが集まる「西宮友の会幼児生活団」[6)]に勤めていた。土曜日は釜ヶ崎にある「西成市民館」のボランテァ活動をすることになったのだが、西宮の幼児生活団の子どもたちと釜ヶ崎の子どもたちとの違いに驚いたという。釜ヶ崎の子どもたちの言葉は荒く、行動も粗暴だったが、彼女は、子どもたちの「目の輝き」に圧倒されてしまったという。この「目の輝き」はいったい何だろうという思いに駆られ、荘保は家族の反対を押し切り釜ヶ崎に飛び込み、「わかくさ保育園」（「社会福祉法人石井記念愛染園」の隣保事業として実施された保育園で1970年に開設された）で働くことになった。

世間では釜ヶ崎は「怖い所」と言われるが、彼女は「おじさんがたくさんいる所」で別に怖いとは思わず、自然に受け入れることができたという。それは、彼女の父親が獣医で、家畜の病気についてアフリカや東南アジアの学生に教える仕事をしており、小学校の時から一緒に各国へ連れて行ってもらい、多くの国や人たちの出会いを体験していたからであった。小さい時の体験は大切であり、この経験が子どもたちと一緒に活動していくことの基礎になったと彼女はいう。最初は釜ヶ崎のことについては名前さえ知らなかったが、釜ヶ崎で生活する中で、釜ヶ崎についていろいろなことを知ることになった。日本では「西成」という地名は差別されているが、日雇労働者の町である「釜ヶ崎」は西成に住んでいる周辺の人たちからも差別されており、差別構造の中心に釜ヶ崎があることを、この時彼女は知ったのである。30歳までは、釜ヶ崎の食堂でアルバイトをしたり、アフリカで仕事をしている父親のもとで家事手伝いなどをしたり、また、ドイツにも行き、聖フランシスコ会のハインリッヒ神父の姉の家に寄宿してドイツの幼稚園や保育園で働く経験もした。そこでモンテッソーリ教育の実践を体験し、日本に戻り、上智モンテッソーリ教員養成コースに入り、モンテッソーリ教員のディプロマ（免許状）も取得している。

1977（昭和52）年、荘保共子が30歳の時、聖フランシスコ会が「ふるさとの家」という高齢者用の食堂と居場所を釜ヶ崎の三角公園の前に開設した。子どもの支援もしたいというハインリッヒ神父の申し出があり、また、彼女も子どもたちに健全で自由な遊び場を提供したいという強い思いもあり、「ふるさとの家」の2階を借りて、荘保は「こどもの里」の前身である「子どもの広場」（学童保育）を始めたのである。

その当時、大阪市は「釜ヶ崎対策」の一環として、野宿者が住み着かないように釜ヶ崎の4つの児童公園の内、通称三角公園を除いた3つの公園を金網のフェンスで囲み、出入り口には鍵をかけていた。子どもたちが児童公園で遊ぶことができなくなっており、また当時流行っていたゲーム機の遊びに代わって、子どもたちの健全で自由な遊び場を確保することが必要であった。初めは公園やゲームセンターに行き、子どもたちに声かけをして子どもを集めていたが、やがて子ども同士が呼び合ったりして、あっという間に60人位の子どもたちが集まるようになったという。

幼い妹や弟を連れてくる子どもたちの「ごっこ遊び」など（荘保共子は激しいまでの遊びと語っている）から見えてきたのは、子どもたちの背後にある生活の「しんどさ」、「生きづらさ」、「不安定さ」であり、それは、釜ヶ崎で生活し働く保護者の抱える問題でもあった。この子どもたちには、「遊びの保障」とともに、子どもたちが生きていくこと自体への「支援」が必要だと彼女は気づいたのである。親からの暴力があったり、借金の取り立てがあったり、そういうことから逃げてきた子どもたちや、父親からDVを受けて逃げてきた母子や、家賃滞納で行き場のない子どもやその親の緊急避難場所に「子どもの広場」はなった。また、戸籍のない子どもや国籍のない親子の相談支援なども行った。このように荘保共子の活動は、子どもたちの「遊びの保障」だけではなく、子どもたちやその家族のために、国籍・戸籍、住まい、基本的生活習慣の確保などの「生活権」（生存権）と「就学」（教育権）を保障する活動（ソーシャルワーク）へと広がっていったと荘保は述べている（荘保2010c：8）。

1980（昭和55）年に、「ふるさとの家」にボランティアに来ていた「守護の天使の姉妹修道会」が、子どもたちのための土地と建物を用意することになり、聖フランシスコ会からこの活動を引き継ぎ、現在の場所に「こどもの里」を開設した。建物は「子どもの広場」の経験が生かされ、子どもたちに必要な部屋や設備を中心に建設された。思いっきり体を動かせるホール、料理や食事を一緒にできる食堂、勉強のできる図書館、モンテッソーリの遊具を配置した部屋（子ども一人ひとりがモンテッソーリの遊具で遊ぶことを通して集中力と自信をつけるために整備された）、水遊びや砂遊びができる屋上、そして緊急避難、一時宿泊のための6畳の部屋が整備された。3階はシスターたちの修道院であった。

この「こどもの里」に荘保共子は近隣から通勤するようになったのである。毎日80人を超える子どもたちがここに集ってきた。当時の子どもたちはどのような状況におかれていただろうか。荘保共子が出会った釜ヶ崎の子どもたちの具体的な事例として、彼女は、次のような例を挙げている（荘保

2008：104）。パチンコ店で足元のパチンコ玉を広い集め、大人たちに「100円ちょうだい」とせびり、集めた金を父親に渡す兄弟、小学5年の時受けた大人からの性的暴行を助けてくれなかった母親を憎みながら、朝寝坊してなかなか学校に行こうとしない女子中学生、「それでもお母ちゃんが大好きや」と泣く子、実父から性的暴行を受け続け、何度見つけて連れて帰っても家出を繰り返していたが、自分から児童相談所に駆け込んだ小6の女の子、3年間も自分は学校に行っていると演技をしていた無国籍で不就学だった姉弟、そしてたびたび悪さをし喧嘩をする義父より暴行を受けていた「非行」少年などである。彼女は、このような子どもたちの生活から、子どもたちの持つ力（問題解決力、自己治癒力、人とつながろうとする力、感じる力、個性の力、親を慕う力等）を知った。子どもたちの「内なる力」と「生きる力」こそ「子どもの人権」であることを荘保はこの子どもたちから教えられたのだという。彼女は、この子どもたちの持つ力を信じ、生きていく上で子どもに安心と最善の利益を与えることを考え、それに応えたのである（荘保2008：104）。

以来、「こどもの里」では、常に子どもの立場に立ち、子どもの「生きる力」を信じ、「子どもの権利」を尊重し、子どものニーズに応じて遊び、関わることをモットーとした活動が続けられてきた。彼女の活動を支えた理念は、彼女が、釜ヶ崎の子どもたちの生活と関わる中で、子どもたちから教えられ、形成されてきたものであったと彼女はいう。彼女自身の価値観や生き方そのものが、この「こどもの里」にかかわることを通して、変わったと記している。

「当時、釜ヶ崎には子どもが自由に安心して遊べる場所がなかったので、遊び場所を作って健全な環境、健全な人間関係を目指して貧しい子どもたちに何かしてあげようという気持ちでした。しかし、子どもたちと遊び、関わる中で、何かしてあげようなどと思っていたことがどんなに高慢な気持ちであったか、とんでもない勘違いをしていたと悟らされました。……子どもたちが抱えている困難の事実を、『これもありか』と受け入れると、そこに『新しいものの見方』『新しい感じ方』『新しい考え方』をしている自分に出会いました。釜ヶ崎の子どもたちが、30年以上自分が築いてきた『偏見』という衣を、一枚ずつ剥がしていってくれたのです。価値観をひっくり返してくれたのです。一人の子どもとの出会いは、新しい自分との出会いでもありました。それはまさに、自分の生き方を問われ、何が大切かを教えてくれたのです」（荘保2008、2010a）と。

2 「こどもの里」とその事業の展開——一時避難宿泊事業と夜廻り・学習会

「こどもの里」は、「子どもの家事業」（無認可児童館）の機能だけではなく、地域において子どもの生活の場を保障する社会的養護事業も展開した。また、児童館の機能である子育ち支援についても釜ヶ崎ならではの独創的な活動を行った。その一つが一時避難宿泊事業であり、もう一つが、夜まわりや学習会の開催であった。

一時避難宿泊事業は、これが釜ヶ崎に設立されたことの意味を象徴する機能をもっていた。これを始める経緯について、荘保共子は次のように語っている（荘保2013：16－17、田中聡子・西村いづみ・松宮透高2012：42－44）。当時、釜ヶ崎には6000人ほどの子どもたちがいたが、その中には多くの不就学児がいた。母親が病気になったり、出産したり、家賃が払えず追い出されたりして、子どもの面倒をみることができなくなったという話もたくさんあった。釜ヶ崎には、親類を頼ることはできないが、多くの他人同士の助け合いがあった。しかし、長期間になるとこれも難しくなる。例えば、父親が飯場（住み込みの仕事場）に行く場合、子どもが小さい時は子どもを連れたまま飯場を転々とすることができるが、高学年になると連れていかれなくなる。子どもだけ家に残ることになるが、1人でいると朝寝坊をして、次第に学校を長期欠席するようになる。すると、学校から「お父さん、ちゃんと家にいて面倒を見てください」と言われる。父親が仕事をしないで家にいると生活が苦しくなるので、生活保護を申請すると「ちゃんと働けるでしょう」と言われるので、父親が働きに行くためには子どもは施設に入らなければならなくなる。このように、生活の中で何かあると、子どもはすぐに児童相談所（一時保護）や施設に行かなければならなくなった。しかし、児童相談所に行った子どもたちに会いに行くと、「帰りたい」「学校に行きたい」と言い、親が引き取りに来るまで、今日か明日かと、ひょっとしたら迎えに来てくれないのではないかと、不安な毎日を過ごさなければならなくなる。釜ヶ崎の中に一時保護をする場があれば、子どもたちは住み慣れた地域で同じ学校に通い、同じ友達と過ごし、親に面会に行くこともできるし、逆に親が仕事を終えてからでも面会に来ることができる。できる限り環境を変えずに、子どもの心の安定を図り、地域の中で子ども守ることは、子どもの最善の利益であり、子どもの権利擁護になると考え、「こどもの里」で緊急宿泊を受け入れるための一時避難宿泊事業が創設されたのである（荘保 2013：16 － 17、田中聡子・西村いづみ・松宮透髙 2012：43 － 44）。

もう一つの事業が、子どもの夜まわりと学習会であった。

「こどもの里」は、乳児、幼児、小学生、中学生、高校生、18 歳以上（障がいなどがある場合は 18 歳以上の者も含む）、健常児、障がい児、そして国籍などの区別なく誰でも受け入れられる。子どもたちやその保護者たちの「しんどさ」（生活問題）を受け止め、支援を受けることができる。2012（平成 24）年の「こどもの里」（子どもの家）の登録者数は 100 人であった。その内訳は表 1 のとおりである。就学前児童、小学生そして中学生以上の者の割合はほぼ同じである。小学生 13 人（小学生の 38.2％）が留守家庭児童である。生活保護世帯の児童は約 3 割、ひとり親家庭の児童は約半数、外国籍の児童も 12 人（児童の 13％）と多く、釜ヶ崎の地域性があらわれている。

荘保共子は、このような多くの子どもたちやその親との出会いの中で、「こどもの里」の存在意識を深め、活動内容も拡げていったが、この活動内容は、きわめて独自のものであった。その活動の一つが「子ども夜まわり」と「学習会」であった[7)]。それは、1983（昭和 58）年に横浜・山下公園で野宿者が少年らに襲撃され死亡した事件をきっかけに始まった。事件に衝撃を受けた荘保共子は、釜ヶ崎の子どもたちにアンケート調査を実施し、釜ヶ崎の野宿者についての意識を調べた。その結果、半数近くが「汚い」「じゃまだ」「他に行ってほしい」と嫌悪感を抱き、さらにその内の半数近くが「野宿者をからかったり暴行したことがある」と答えており、野宿者に対する差別や偏見は釜ヶ崎の子どもたちも同じであることが分かった。どうしたら差

表1　2012年度「こどもの里」（子どもの家）の登録者数

	登録者数（人）		内留守家庭数	生活保護世帯	ひとり親家庭	障がい児・者	外国籍
0歳－3歳	16	32	11	1	1	0	4
4歳－6歳	16		7	6	7	1	2
小1－小3	19	34	6	7	8	3	0
小4－小6	15		7	4	11	1	3
中学生	14	34	7	5	11	4	2
高校生	12		6	5	11	4	1
18歳	6		4	1	2（自活）2	2	0
大人	2		0	0	0	2	0
合計	100		48	29	51＋2	17	12

出典：田中聡子・西村いづみ・松宮透高（2012）『断ち切らないで　小さき者を守り抜く「子どもの家」の挑戦』ふくろう出版、57。

別や偏見をなくすことができるのか考え続けた彼女は、1986（昭和61）年から「子ども夜まわり」を始めることにした。この活動は、今日まで続いている。「こどもの里」の子どもたち、保護者、スタッフそして外部参加団体（小・中学校、カトリック教会など）の参加者など、合計で約60人が、厳冬期の1月から2月の毎週土曜日に夜まわりを行っているのである。

どのように夜まわりをするのだろうか。夜まわりの意味を子どもの立場で考えるために、毎年テーマを決め、学習会をひらくことを荘保は実行した。第1回目のテーマは「釜ヶ崎の労働者と私たちの関係」であった。昨年度（2012年度）の第27回目のテーマは「釜ヶ崎と筑豊（炭鉱）」であった。講師は、「大阪市立あいりん小中学校」の元ケースワーカーである小柳伸顕牧師である。学習会の後、釜ヶ崎を中心にいくつかのコースに分かれて野宿者の所に行き、野宿者に声をかけ、体調や色々な話を聞き、おにぎりや温かい味噌汁そして毛布やカイロなどを配っていく。午後10時から12時の2時間くらい夜まわりをした後に「こどもの家」に集合し、参加者が感じたこと、気づいたことや意見などを書き、参加者全員が発表し、分かち合うことによって、より学びを深めている。

子どもたちの野宿者を「汚い」「いやだ」と思う気持ちは、一方的に否定されるのではない。子どもたちは、なぜ野宿者を嫌悪したり、排除したり、差別したりするのかということを知識だけではなく体験をとおして理解し、実感とともに学んでいくことを大事にされている。「子どもの夜まわり」は、次の三つの段階を繰り返し行う「体験学習サイクル」を基本に続けられている。第1段階の「体験」(「おっちゃんらが、いっぱい寝てはる」)は、出会い、ふれあい、話し、実感することで、日雇労働者の現実や野宿せざるをえない人の背景や生活を膚で感じることである。第2段階の「学習」(「なんで、こんなとこで寝てんの？」)は、野宿に追い込まれる現実が、なぜ生まれるのか、日雇労働の実態や仕組みを知り、失業する要因を理解することである。そして、第3段階の「解放」(「どないしたらええんやろ」)では、体験と学習を通して、社会の偏見や差別に気づき、そこから自分自身が解き放たれ、ひとりの人間の生命や「尊さ」や「権利」を知っていく。差別を見抜く力を養い、どうしたらよいか考え、行動し、差別とたたかいながら生きていくことである。この体験学習を通して、子どもたちは、野宿者たちを単に“かわいそう”とみる同情や憐みの意識ではなく、まるで我がことのように胸がしめつけられ心が痛む気持ち“肝苦さ(ちむぐるさ)”(沖縄の言葉)という深い共感の中で、野宿者を理解し、子ども自身が変わり成長しているのである(北村 2009：64 − 74)。「子どもの夜まわり」について荘保共子は、次のように述べている。

「……野宿者に対する偏見と差別に子どもらの力で抗する。夜まわりなんかしなくてもいい社会にしたいと、毛布・おにぎり・ポットの準備から学習会、夜まわりと、毎回8時間を超す活動をやってこなす。その力たるや『凄い！』の一言だ。子どもの権利の一つ『集会する権利』を行使している。この夜まわり活動で、私たち大人が想像もしなかった『子どもの力』に出会った。……子どもたちのこの自然な無垢な『人と繋がろうとする力』は、野宿者から最高の褒め言葉『ありがとう』をいっぱい浴びて、傷ついた子どもの心にふつふつと他者へのいたわり・心配の心が息吹き、それが自分自身への愛しさと自信を息吹かせる。一方野宿者と言えば、寂しくおびえながらいる寝床に子どもらの訪問を受け、『これで明日も頑張れるわ』と生きる気力を取り戻す。……夜まわりでの子どもと野宿者と

の出会いは、お互いがエンパワメントされあう関係を生み出した。」（荘保2011：76 － 77）

このように「こどもの里」では、子どもたちは日雇労働者に対しての差別や偏見をなくし、また日雇労働者との出会いによってエンパワメントされ、自分も相手も一人ひとりが大切な存在であることに気づき、自尊心を回復し、人を大切にしていくことができるような実践が行われているのである。

3 「こどもの里」の危機と運営組織の転換
――「子どもの家事業」認可と「こどもの里ファミリーホーム」への拡大

「こどもの里」は、運営主体の交代という危機を乗り越え、民間資金と寄付金に支えられた運営から、公的な補助金を受けることによってより安定した運営を行うことになった。その一つが「子どもの家事業」の認可であり、もう一つは里親から大阪市家庭養護寮さらに小規模住宅型児童養育事業（ファミリーホーム）の認可であった。事業も子どもの居場所からさらに社会的養護へと拡大することになった。

「こどもの里」では、そこに集まるすべての子どもたちに対して「居場所」を提供し、学童保育も行っていた。1980年代中頃から、全国的にも学童保育のニーズが高まり、大阪市でも学童保育運動が展開されていた。こうした動きを背景にして、1989（昭和64）年に、大阪市独自の「子どもの家事業」が打ち出されたのである（田中・西村・松宮2012：5 － 15）。この「子どもの家事業」は、地域における児童の健全育成を目的としており、0歳から18歳未満の児童を対象とする大阪市の単独事業であるが、その目的や活動内容は、「児童館実施要綱」において厚生労働省が示している児童館の目的や活動内容とほぼ同じであった。1996（平成8）年には、これまで実践されてきた学童保育などの子どもたちの遊びを通した健全育成活動の成果を根拠に、「こどもの里」は、大阪市の「子どもの家事業」として認可され、補助金を受けるようになった。

しかし、その2年後、「こどもの里」創立18周年を迎えた1998（平成10）

年1月に、事業主である「守護の天使の姉妹修道会」の決定により、「こどもの里」の「閉館」が伝えられた。「こどもの里」の存続を願う「こどもの里」の利用者、保護者、職員や地域の支援者たちによって「こどもの里を存続させる会」が結成された。存続を求める署名活動が行われ、全国から7,000名を超える署名も集まった。「こどもの里」の存続に向けた話し合いが、事業主である修道会と「こどもの里を存続させる会」の間で続けられることになった。閉館が一時延期され、1年間の話し合いが行われた。「こどもの里」の歩んできた歴史と活動を振り返り、今後も必要な大切な「場」であることが確認されたが、一方、事業主である修道会の都合（会のメンバーの高齢化など）により、「守護の天使の姉妹修道会」として事業を続けることができないことも明らかになった。修道会が撤退した後も、「こどもの里」が「子どもの家事業」として存続するには、新たに法人を立ち上げるか、別の法人に引き継いでもらう必要があった。

その後、存続に向けた具体的な準備もなかなか進まず、場所も資金も自主運営による「ゼロからの再出発」も考えなくてはならない状態となった。このような時に、「こどもの里を必要とする子どもたちのために」と、宗教法人カトリック大阪大司教区[8)]が「守護の天使の姉妹修道会」から事業を引き継ぐことを快諾し、その準備作業が始まった。閉館決定から1年間の話し合いを踏まえ、今後の運営体制は法人の代表者とともに、現場の職員や利用者、地域の支援者をメンバーとする運営委員会によって運営されることになった。資金を集めることも含めた財政についてはこの運営委員会が責任を持つことが確認された。場所については、7年間の期限付きではあるが、前事業者である「守護の天使の姉妹修道会」から無償で貸与することができ、引き続き同じ場所で「こどもの里」を存続させることができることになった。このように存続を願う利用者や保護者、地域の支援者らの熱心な働きかけによって、1999（平成11）年4月1日より、宗教法人カトリック大阪大司教区が「こどもの里」の事業を引き継ぐことになり、「こどもの里」の運営組織の拡大と運営の合理化が図られたのである。

「こどもの里」はどのように財政運営されているのだろうか。おやつ等の実費以外には子どもや親から利用料はとっていないので、「こどもの里」は、

表2　2011年度こどもの里の決選報告

単位：円

項目	予算		決算	
	金額	%	金額	%
【収入の部】				
大阪市補助金	8,069,000	36.3	8,069,000	29.4
行事支援金	0	0.0	128,690	0.5
保護者負担金	1,710,000	7.7	1,829,619	6.7
寄付金	10,020,000	45.0	13,250,768	48.2
バザー売上金	1,500,000	6.7	2,263,570	8.2
受取利子	360,000	1.6	362,485	1.3
雑収入他	600,000	2.7	1,578,424	5.7
（経常収入計）	22,259,000	100	27,482,556	100
【支出の部】				
人件費	15,448,000	69.4	12,846,214	46.7
事業費	6,176,000	27.7	7,104,044	25.8
収支差額	635,000	18.0	7,532,298	18.0
（経常支出計）	22,259,000	100	27,482,556	100

注：小規模住宅型児童養育事業（ファミリーホーム）の会計はふくまれていません。
出典：こどもの里（2013）「2011年度こども里決算報告」『2011年度　こどもの里事業報告書』p. 99。
%については加筆を行った。

大阪市からの補助金、バザー収益、「こどもの里ともの会」による会員からの支援金、一般寄付金（教会や、修道会や学校などの団体、個人）、寄付本「和解」・「長崎の歌」・「サムイライの如く」の売上金などによって運営されていた。2011年度の収支決算を見ると、表2のとおりである。大阪市の補助金は8,069,000円である。「子どもの家事業」の補助金などである。全体の約3割が公的資金である。それに対して、寄付金の13,250,768円（48.2%）とバザー売上金2,263,570円（8.2%）を合わせた私的資金が約5割をしめている。寄付金については、「こどもの里友の会」が年額一口3000円と月額一口1000円の維持会員と、後援会員を募り、寄付金を集めている。「こどもの里」の利用料は無料であるが、「子どもの家事業」に登録した児童については、おやつ代（1日30円または手作り50円）が徴収されている。また、特別に実施する行事については、実費が保護者の負担となる。食事代（昼食：250円、夕食：300円）も自己負担となっている。

21世紀に入って「こどもの里」の実践は大きく拡大した。「子育て」の基礎単位として長らく認められてきた「家庭」の機能がいよいよ崩壊し、家庭に替わる社会的養護を実践する「こどもの里」の役割も重要性をましてきた。「こどもの里」開始いらい20年にわたってつづけられてきた緊急一時保護や生活の場を子どもに提供してきた実績をもとにして、荘保共子は里親の認定を受けたのである。2001（平成13）年には、「こどもの里」は大阪市家庭養護寮に指定され、里子となった子どもたちの生活も安定してきたことがわかる。

さらに、この事業は、2010（平成22）年3月には、「児童福祉法」の改正により創設された小規模住宅型児童養育事業「こどもの里ファミリーホーム」として認可された。「こどもの里ファミリーホーム」の運営理念は、これまでの家庭養護寮から大きく変わったわけではない。「こどもの里ファミリーホーム」で生活する子どもたちが、これまで以上に、手厚く、極め細やかに、丁寧に関わることによって自己肯定感を育むことができるように、子どもたちに「安心・自信・自由」の権利がより深く守られるように、その環境づくりに力を入れ、楽しいホームが目指されている（こどもの里 2013：74）。

このように「こどもの里」は、小規模住宅型児童養育事業（ファミリーホーム）という公的な児童福祉サービスを活用することによって、子どもの家庭に代わって子どもたちがこれまで通り地域の中で暮らせる生活の場を保障している。

2006（平成18）年2月には、土地購入資金の目標金額を集め、「守護の天使姉妹会修道会」から7年間の期限つきで無償貸与されていた土地を、「こどもの里」の運営主体であるカトリック大阪大司教区が買収することができ、「こどもの里」の運営がひとまず安定したのである。また、「こどもの里ファミリーホーム」に住む6人の子どものたちの生活環境改善のために必要な費用として、大阪市より「安心基金『社会的養護の拡充事業』分の大阪市児童養護施設等改善事業補助金」7,950,000円を受け、2010年12月に改修を終え、子どもたちは快適な生活ができるようになった。

しかし、少年院などを退所し「こどもの里」を利用することになった子どもについては、このファミリーホームの入所対象者としては認められなかった。そこで、義務教育を修了し、社会的養護を必要とする子どもを対象とした「児童自立生活援助事業」（自立援助ホーム）の開設に向けて準備が進められているところである。この背景には、ある15歳の少年の存在があった（荘保2012）。この少年は、NPO釜ヶ崎支援機構が支援するリサイクルセンターで働き、ドヤ（簡易宿泊所）に住み、食事は外食ですませていた。この少年について、NPO釜ヶ崎支援機構から荘保共子に相談があったが、彼女は、少年が15歳なので児童相談所に連絡した方が良いと伝えた。しかし、その少年はすでに児童相談所に相談に行っていたことがわかった。少年が高校に通っていないことや少年が施設入所を拒否するので、ハローワークで相談するように言われたという。ハローワークに行くと「ジョブカフェ」で相談するように言われ、その「ジョブカフェ」の相談員が、NPO釜ヶ崎支援機構から出張勤務していたので、NPO釜ヶ崎支援機構のリサイクルセンターが少年を引き受けることになったのである。その後、少年は「こどもの里」で宿泊生活をすることになったが、これはあくまでも一時的な対応でしかなかった。結局、「こどもの里」ではこの少年を引き受けることはできなかった。この少年は地域のシルバーハウスで生活せざるを得なかった。

この少年のように義務教育を修了し、就学していない児童に対しては、児童養護施設やファミリーホームのような社会的養護施設に措置することはできない。このような子どもの受け皿になるのが「児童自立生活援助事業」（自立援助ホーム）である。しかし、2010（平成22）年1月現在、全国には57の自立援助ホームしかなく、その設置数は少ない。大阪市には3か所、各6人で計18人しか利用できない状況である。このような状況のなかで、「こどもの里」では「児童自立生活援助事業」（自立援助ホーム）の設立に向けて準備が進められている。

4　大きな転換を迎えた「こどもの里」と地域における「子育ち」ネットワークの展開

現在、「子どもの家事業」を実施している「こどもの里」は、再び大きな転機を迎えている。2012（平成24）年4月に大阪市改革プロジェクトチームより、「2013年度に子どもの家事業を廃止する」と言う試案が発表されたからである。この発表後、「大阪市子どもの家事業存続に関する陳情書」署名運動が全国的に展開された。第一次集約分（25,884名分）が5月29日に大阪市市議会（大阪市会議長あて）に提出された。しかし、6月に、大阪市長は「子どもの家事業」を「留守家庭児童対策事業」に一本化すると発表し、「子どもの家事業」は2014（平成26）年度をもって廃止されることになった。第2次集約分（17,369名分）は7月4日に提出され、合わせて43,053名の署名が集まり、新聞やテレビなどの報道でも「子どもの家事業」が取り上げられ、反対運動が広がった。また5月20日には大阪市長宛てに、森本志摩子弁護士や荘保共子らによる「市政改革プラン（素案）に対する意見・提言」（森本、荘保ら2012）が提出された。「子どもの家事業」は、小学校での「いきいき放課後事業」や有料の「留守家庭児童対策事業」（学童保育）と異なり、小学生だけではなく、就学前の乳幼児から中高生の子どもまで、障がいの有無や学力や年齢等を一切問わず児童福祉法第4条1項の「児童」（0歳から18歳未満）すべてを対象としている事業である。また、子どもの「遊ぶ権利」（子どもの権利条約第31条）・「子どもの成長発達権」（子どもの権利条約第6条・29条）や「生存権」（憲法25条）を保障していくうえで重要な事業である。したがって、現代のような核家族化や近隣との関係が希薄化している社会においては、「子どもの家事業」はむしろ推進すべき事業であると訴えている。

今後のどのような形でこの事業を存続させていくか。これが今大きな課題となっている。これから「こどもの里」をどのような方向にすすめていくのか。先ほどの「自立援助ホーム」の立ち上げの計画とともに、「いきいき放課後事業」や「地域子育て支援拠点事業（つどいの広場）」の公募に参画することも検討されている。また、「こどもの里」を認定NPO法人あるは社会福祉法人にすることについても模索されている。

「家庭の養護」機能が失われつつある現在、「こどもの里」が果たしてきた役割、そして果たそうとしている役割は、ますます大きくなっている。子どもたちの「子育ち」支援は社会的に、つまり地域において行われなければならないからである。その「地域」支援こそが、荘保共子が生涯をかけて行ってきた実践であった。いま問われているのは、釜ヶ崎という地域の中で、「こどもの里」を中心にした地域ネットワークづくりであると思われる。また、「こどもの里」のような機能を持つ施設を中学校一つ構築していくことである。さまざまな子育ち・子育て支援を実施している機関や施設、ボランティア団体等のネットワークが必要であり、それが有効に活用できるシステムをつくることである。このことについて、荘保共子は次のように語っている。

「子どものこと、お母さんのケア、薬物依存や精神的な問題、父親の就労まで、ここで相談にのっている。でも、私たちだけの力ではどうしようもない。いろんな支援機関のネットワークがあるからこそ、ここが活かされるんです。やっぱり、地域が子どもを育てるんですよ。時間が決まっていたり、お金を払わなくてはならないということではなくて、何かあった時SOSを出した時、『いつでも受け入れるよ』っていう場所。それが必要なんです。面倒な行政手続きを待っていたら、救える命も救えないし、SOSも出にくくなる。だから、ここがあって、さらにネットワークがあるということが重要ですね。私たちは、こうゆうステップになるというか拠点になる所が、中学校区に1か所あればいいと考えています。そうすると、児童相談所も今みたいに大変じゃなくなると思うんです。」（田中・西村・松宮 2012：58）

図1は、「こどもの里」が、釜ヶ崎（「あいりん地区」）の「あいりん子ども連絡会」や、西成区の「わが町にしなり子育てネット」と「西成区虐待防止・子育て支援連絡協議会」（西成区要保護児童対策地域協議会）の重層的なネットワークに支えられていることを示しているものである。平川は、西成区の子育ち・子育て支援ネットワークの特徴として次の2点をあげている（平川 2012：39 − 48）。第1の特徴は、このネットワークが、貧困課題が集積された地域性の中で生み出された民間レベルの取り組みを基盤していることである。第2の特徴は、中学校区単位の小地域ネットワークと、専門機関

や地域団体との幅広くつながる緩やかな拡大ネットワークが形成され、重層していることである。そこで、これらのネットワークがどのように形成されていったのか見ておきたい。

このネットワークは、日本が「子どもの権利条約」を批准した頃からさまざまに作られるようになった。その最初の試みとして、1995（平成7）年9月に、「わかくさ保育園」園長故小椋昭の呼びかけで、子どもを守るネットワーク「あいりん子ども連絡会」が発足した。福祉や教育、健康上最も困難な貧困状態に置かれている「釜ヶ崎（あいりん）地区」の子どもたちの心と体の成長と子どもたちの生活を少しでも「子どもの権利条約」の理念に近づけたいという思いを実現するために、「釜ヶ崎（あいりん）地区」で子どもに関わる仲間同士が、子どものための情報交換や、相互支援を行うためのネットワークづくりを進め、それぞれが持つ知識、技能、資金等を活用することになった。

構成メンバーは、あいりん地区、今宮中学校区およびその周辺の子どもたちと直接・間接的に関わる関係機関、施設の職員である。毎月第4木曜日午後2時から5時まで定例会が開催される。各施設・機関（学校等団体）の近況報告と問題提起を行う。出席者全員が自分の持ち場での要保護児童（ケース）の近況を報告しあい、個々のケースの情報を話し合い、整理分析して必要な援助計画を作成する。問題解決に向け、それぞれの特性を生かした関わりを求め役割分担を行う。さらにケース検討、支援計画の見直し、評価を行う。必要に応じて別途個別ケース会議を開催している（荘保2013：18）。

ネットワークの第2の試みは、2000（平成12）5月に成立した西成区内の子育てサークル、ボランティアグループ、施設、行政機関など諸団体が集まって作られた「わが町にしなり子育てねっと」である。子育てに悩む親たちが気軽に相談し合える仲間づくりと、気兼ねなく集える場づくり、さらに関係機関や福祉・教育施設のなどが子育て支援をバラバラに行うのではなく、地域の様々な組織や団体と施設や役所が一つになって連携し、子どもたちや親たちと一緒に子育てや子育ちにやさしいまちづくりを目指そうというものである。様々な子育て支援事業や児童虐待の防止啓発活動を行い、「孤立する、排除される子どもや保護者をなくす」ことを使命として「虐待ゼロの町

図1 「こどもの里」の全体イメージ

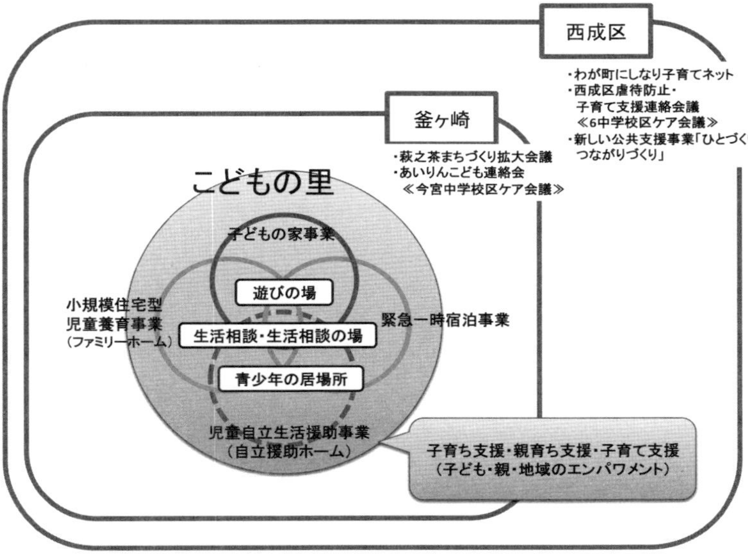

注：荘保共子（2012）「カトリック大阪大司教区こどもの里　since1977」パワーポイント資料。
「こどもの里　全体イメージ」のスライドを一部修正、加筆をした。

にしなり」を目指して、活動が行われている[9]（荘保2013：18）。

2012（平成24）年6月1日現在で、ボランティアグループ（16団体）、子育てサークルなど（6団体）、大阪市地域子育て支援事業など（8施設）、子どもの家・学童保育所など（7施設）、保育園（18施設）、幼稚園（3施設）、官公署など（9か所）、関係団体・施設（5か所）の合計72の団体と、3つの後援団体と2つの連携団体が登録されている（わが町にしなり子育てねっと 2010：76 − 78）。荘保共子は、この子育てネットワークの中心的な役割（副代表）を果たしている。

第3の試みは、2002（平成14）年に、西成区で作られた「児童虐待防止連絡会議」（児童虐待防止市町村ネットワーク事業）である。ここでは「わが町にしなり子育てねっと」から、「児童虐待防止は視点を子育て支援にまで広げて進めないと真の効果は得られない」ということと、実際的な活動体としては「あいりん子ども連絡会」のように「実務会議は子どもの顔が見える小地域（中学校区）で」という2点が提案され、他区とは違う「西成区児童意虐待防止・子育て支援連絡会議」（虐待防止ネット）が創設されている（荘保 2013：13 − 14）。2004（平成16）年12月に「児童福祉法」が改正され、市町村は児童相談を実施することになり、要保護児童対策地域協議会を設置することができることになった。先の「児童虐待防止市町村ネットワーク事業」は、要保護児童対策地域協議会として児童福祉法に法定化された。「西成区児童意虐待防止・子育て支援連絡会議」は、西成区の要保護児童対策地域協議会として位置づけられることになった。

現在、「西成区児童意虐待防止・子育て支援連絡会議」（西成区要保護児童対策地域協議会）には、6つの中学校区にそれぞれ実務会議（地区別ケア会議あるい教育ケース会議等）が置かれており、先の「あいりん子ども連絡会」は、今宮中学校区・山王団地地区ケア会議として位置づけられている。

荘保共子が、西成区児童虐待防止・子育て支援連絡会議（西成区要保護児童対策地域協議会）の委員になって、今宮中学校区・山王団地地区ケア会議（「あいりん子ども連絡会」）において、地域の子どもや子育て家庭の問題の解決に取り組んでいるのは、長年の「こどもの里」での実践経験をふまえて、「地域」との「共同子育て」こそが今なによりも求められているという認識があったからだと思われる。

おわりに ――「こどもの里」の実践理念と「社会的共同親」

これまで見てきたように、荘保共子は、さまざまな社会問題が集積した釜ヶ崎という地域社会のなかで、「子どもの貧困」により多くの家族機能を失った家庭の子どもたちやその家族が安心して暮らしていくことができるように、子どもの育ちやその家族の子育てを丸ごと支えてきた。彼女の今日までの30年間の実践を振り返ることによって、次のような「こどもの里」の実践の特徴が見えてきた。まず、第1に、貧しい状況に置かれている子どもやその家族のニーズを徹底的に理解し、共感し、共に生きようとすることによって、荘保共子（支援者）自分の価値観や生き方が変えられたことである。最初、彼女の実践は子どもたちに何かをしてあげたいという慈善的な思いから出発したが、子どもたちが抱えているさまざまな困難の事実を受け入れるなかで、むしろ、「新しいものの見方」「新しい感じ方」「新しい考え方」を子どもから教えられたのである。第2には、すべての子どもに「生きる力」があることを信じ、多くの人との出会いを大切にした体験的な学習活動（「子どもの夜回り」など）を重視してきたことである。子どもたちがこのような活動を行い、自らの権利を行使することによって、子ども自身が自尊心を回復し、子ども自身が変わり、成長することを大切にしている。第3には、貧困によって家庭を失った子どもたちに安心な場を提供し、必要ならば家庭に代わって子どもを一時的あるいは長期的に保護し、「生活の場」を提供していることである。子どもたちにとって「こどもの里」は「ふる里」になっている。第4には、子どもの親を思う気持ちを最大限尊重し、どのような状況にあっても、親子の関係を断ち切らないで維持するために、子どもや家族が生活している地域社会（釜ヶ崎）の中で「子育ち支援」・「子育て支援」に取り組んでいることである。そのために地域社会に子育ち・子育てネットワークを創り、連携し、協働して問題の解決を図っている。そして、第5には、様々なニーズを抱えた子どもやその家族を支援するために、「子どもの家事業」や「ファミリーホーム」のような公的な事業を活用していることである。また、必要ならば「緊急一時宿泊事業」のような独自の事業を創設し、展開できる民間の特徴を生かした実践を行っている。

このように「こどもの里」は、釜ヶ崎という地域社会において、貧困に伴うさまざま問題を抱えた子どもたちやその家族たちのニーズを充足するために、さまざま実践（サービス）を展開してきた。網野（2002：178－187）は児童家庭福祉サービスとして3つのPと言われる普及サービス・増進サービス・予防サービスと、3つのSと言われる支援サービス・補完サービス・代替サービスをあげている[10)]。「こどもの里」では、「子どもの家事業」として「子どもの遊び場」を提供し、子どもの自尊心の回復や自己肯定感を育む「増進サービス」や「予防サービス」が行われている。ホームページや報告書で「こどもの里」を紹介する「普及サービス」も実施している。また、困難な問題を抱えた子どもや子育て家庭の生活相談などの「支援サービス」も実施されている。さらに、学童保育や緊急一時保護などの「補完サービス」や、ファミリーホームのように親に代わって子育てを行う「代替サービス」も提供している。荘保共子は、「こどもの里」を公衆衛生の視点から、第1次防止、第2次防止、第3次防止までできる「包括的地域子ども支援センター（仮）」として、地域の中に位置づけることができると述べているが、「こどもの里」は、児童家庭福祉のすべてのサービスを包括的に総合的に実施しているといえる[11)]。

荘保共子は、このような「こどもの里」の内発的で先駆的な実践から大きな2つの理念（信念）が生まれてきたという。彼女はこの2つの理念について次のように述べている。1つ目は、子どもの最善の利益を考えることである。安心して遊べる場・生活の場と相談を中心に、常に子どもの立場に立ち、子どもの権利を守り、子どものニーズに応えることである。2つ目は、子どもの自尊心を守り育むことである。自分に与えられた境遇の中で、子ども（人）の持つ「力」を発揮、駆使してたくましく生きている素晴らしい子どもたちを、社会の偏見や軽蔑から守り、自信をもって自分の人生を選び進めるよう支援することである（荘保2010c：8－9）。

この2つの大きな理念に支えられて、荘保共子は「こどもの里」のスタッフや「あいりん子ども連絡会」「わが町にりなり子育てネット」など地域の子育て支援組織と共同し、連携して、貧困によって多くの家族機能を失った子どもやその親を全面的に支える実践を行っている。このような彼女の実践は、第二次世界大戦後の英国において20年間、児童ケア施策と実践を展開してきたマンチェスター児童部という地方自治体ソーシャルワーク機関が、養護児童に果たしてきた「社会的共同親」（コーポレイト・ペアレント：The Corporate Parent）の実践と共通するところがある。「社会的共同親と養護児童　イギリス・マンチェスターの児童福祉実践」の著者であるボブ・ホルマンは、マンチェスター児童部の児童ケア主事であったエドウィチ・ニューウォールが社会的共同親について次のように表現をしていると述べている。

「エドウィチ・ニューウォールの非常に巧みな表現によると、マンチェスター児童部は社会的共同親業（コーポレイト・ペアレントフッド）の概念を信じて実行したのである。彼女は続けて、『児童部職員は、養護児童は「自分らの子」であり、自分たちは彼らの親としての責任遂行義務があり、自分たちが雇われているのはそのためなのだ、と心の底から考えた』と述べている。」（ボブ・ホルマン 2001：330）

マンチェスターにおいては、社会的共同親は、マンチェスター児童部の児童ケア主事だけではなく児童部長はもちろんのこと、入所施設の職員の間にも見られた。また、社会的共同親であるという意識は、地方議員によって組織されていた児童委員会にも浸透していた。英国のマンチェスターと日本の西成区の釜ヶ崎とでは歴史も地域も異なるが、大阪市が「子どもの家事業」を廃止しようとしている状況を考える時、社会的共同親の理念が実際にどのような形でマンチェスターの地方行政やソーシャルワーク・児童福祉実践に具体化されたのかを知ることは意味があると思われる。特に、日本においては、行政機関ではなく、民間施設である「こどもの里」（無認可児童館）が社会的共同親の理念を具体化した先駆的な実践を行ってきたことは重要である[12)]。「こどもの里」の荘保共子やスタッフは、釜ヶ崎という地域社会において、親だけでは子どもを育てることが困難であるが故にさまざまな「しんどさ」（生活問題）を抱えた子どもたちのニーズを真摯に受けとめ、その権利を保障するために、他の多くの「社会的共同親」ともに、活動を展開してきた。特に子どもを地域社会から分断せずに子どもの生活を継続的に支えるために、子どもの遊びの場を提供するだけではなく、親と共に、時には親を支援し、必要に応じて親に代わって、子どもの生活の場を保障してきたことは重要である。今後、地域において家族機能が低下した、あるいは失った子どもやその家族を地域社会全体で支えるという社会的共同親の理念を具体化するために、マンチェスターの児童部の実践も視野に入れながら、「こどもの里」がどのような実践を行っているのか、さらに掘り下げて検討をしていきたい。

注

1）最近の動きとしては、2012（平成24）年8月に、「子ども・子育て関連三法」（「子ども・子育て支援法」、「就学前の子どもに関する教育、保育等の総合的な提供の推進に関する法律の一部を改正する法律」、「就学前の子どもに関する教育、保育等の総合的な提供の促進に関する法律の一部を改正する法律の施行に伴う関係法律の整備等に関する法律」）が成立し、質の高い幼児期の学校教育・保育の総合的な提供、保育の量的拡大・確保、そして地域の子ども・子育て支援の充実をはかる施策を展開することが決定されている。

2）「子どもの家事業」は地域における児童の健全育成を目的に、1989（昭和64）年に大阪市の単独事業として始まったものである。「大阪市子どもの家事業運営基準」によると、「地域における子どもの遊び場、活動の拠点として、次の事業を実施しなければならない」とされている。①放課後児童健全育成事業（児童福祉法第6条の2第2項)、②健全育成のため児童等に遊びを提供し、健やかな発達を促すとともに、異年齢児童のふれあいを深め、地域行事等を通じ社会性を高める事業（保護者が昼間不在の有無等を問わない全児童を対象とする放課後事業)、③前2項の目的を達成するため地域との連携を図る事業である。地域の人との交流を持ちながら、18歳未満までの子どもに遊び場を提供し、健やかな成長を促そうとするものである。児童の健全育成を目的とした施設として児童館（児童厚生施設）があるが、児童館は国が定める設置基準があり、この基準を満たすためには一定のスペースや条件が必要となる。

大阪市には児童館の設置基準には満たないが、地域のニーズに応じて児童館の役割を拡大した活動を実践する場所が従来から多くあった。また、利用する子どもの中には、いわゆる「カギっ子」といわれる留守家庭の子どももいた。「子どもの家事業」はこのような無認可の児童館的役割と学童保育的役割とを担ってきた団体を、大阪市が支援するために発足したと言われている。2012（平成24）年1月1日現在、大阪市16区に28か所あり、登録児童は1,898人であり、その運営は社会福祉法人や社会福祉協議会などが行っている。実際の活動内容は、地域のニーズに合わせ、子どもの健全育成を目指した子育ち支援だけではなく、子育て家庭を対象にした子育て支援、地域啓発等にまでおよんでいる。それは、「子どもの家事業」が柔軟性に富んだ事業であり、民間の団体が、地域のニーズを把握し、充足するために内発的で先駆性な事業を展開してきたからであると思われる。しかし、2012（平成24）年4月に大阪市改革プロジェクチームより、2013年度に子どもの家事業を廃止する」と言う試案が発表された。その後「大阪市子どもの家事業」存続の署名活動が行われ、大阪市議会長に陳情書が提出され、反対運動が展開された。同年6月に、大阪市長は「子どもの家事業」を「留守家庭児童対策事業」に一本化すると発表し、「子どもの家事業」は2014（平成26）年度をもって廃止されることになった。

3）最近の「児童館」とその施策の動向については、八重樫牧子『児童館の子育ち・子育て支援――児童館施策の動向と実践評価』相川書房、2012年を参照。

4）生田（2010：6－7）によれば、釜ヶ崎は、大阪市西成区萩之茶屋に広がる0.62平方キロメートルの町である。そこには2万人ほどの日雇労働者と1万人以上の住民が生活しており、日雇労働者が仕事を求めて集まる「寄せ場」と、労働者が生活する「日払い」の簡易宿所が密集しているところである。1961年から20回以上も発生した暴動によって釜ヶ崎が社会的に注目された。釜ヶ崎にはいまも地区近辺で1,000人近く野宿を続ける「不安定雇用と貧困、野宿が日本で最も集中する街」であるが、ここでも高齢化が進み、子どもの数が減少しており、2012年度の萩之茶屋小学校の全児童数は44人、今宮中学校の全生徒数は131人である（Gaccom、http://www.gaccom.jp/search/p27/）。

5）参考にしたのは以下の文献であるが、一部インタビュー調査も行った。文献の主なものは、「こどもの里」の荘保共子館長（以下、敬称を省く）が書いている雑誌論文や報告書などの資料、「こどもの里」に関するホームページの内容や新聞記事、大阪市の「子どもの家事業」の実践者（荘保共子も含む）に対するインタビューをまとめた著書『断ち切らないで　小さき者を守り抜く「子どもの家」の挑戦』（田中聡子・西村いづみ・松宮透髙2012：41 － 64）などである。また、「こどもの里」で開催された「2012年・冬第6回・釜ヶ崎ワークキャンプ@こどもの里」に参加して、観察、インタビュー、レクチャーなどから情報収集も行った。なお、文献等（事例、活動内容等の情報）の扱いについては、プライバシーと人権の点から倫理的配慮を行った。

【ホームページ】こどもの里 http://www.k5.dion.ne.jp/~sato/、ふらっと・子ども・こどもの里・荘保共子さん http://www.jinken.ne.jp/child/shoho/

【新聞記事】1995年4月29日毎日新聞「『不平等』比国人の母提訴　大阪」、1995年11月21日朝日新聞「家庭　ともに生きる／悩み尽きぬ在日外国人　結婚・在留資格・事件の通訳・・・同じ利用・薬で3200　円の差」、1996年6月29日毎日新聞「婚外子区別は合憲　国籍取得で大阪地裁　比女性側の請求棄却」、1996年9月6日読売新聞（夕刊）「不法滞在者　比人母と長女に在留許可　出産後認知の婚外子　法務省初適用」、2002年5月1日不登校新聞「大阪釜ヶ崎　こどもの里を訪ねて　カトリック大阪大司教区こどもの里　子どもの家　荘保共子さんに聞く」、2010年3月17日毎日新聞「偏見吹き飛ばす幼い瞳　あいりん『こども夜まわり』24年」、2010年5月1日朝日新聞「釜ヶ崎のゆりかご　貧困・DV駆け込み寺30年　民間児童館『こどもの』里」、2010年10月5日朝日新聞「『いつか遊び場に』子どもたちが除草　大阪30年閉鎖公園」、2012年5月2日毎日新聞（夕刊）「子どもの家　ピンチ　大阪市　PT補助金廃止案　障害児ら放課後居場所　保護者『なくさないで』」、2012年5月17日朝日新聞「子の最後の『家』風前　しんどい家庭事情『行き場ここしか』　無料預かり所大阪市補助削減　『必要性知って』署名開始」、2012年5月21日大阪日日新聞「『居場所、奪わないで』大阪子どもの家、廃止案浮上　弱者の駆け込み寺危うし」、2012年5月29日朝日新聞（夕刊）「『子どもの家』残して　署名2.7万筆　大阪市議会に」、2012年5月30日大阪日日新聞「子どもの駆け込み寺　存続求めて署名2万7千　大阪市議会に関係者ら陳情『橋下改革』で危機」、2012年6月7日朝日新聞「『子どもの家』大阪市廃止方針に利用者は　泣ける場所ここだけ　障害・健常の隔てなく　親も相談心のささえ」。

6）西宮友の会幼児生活団は、全国にある幼児生活団の一つである。幼児生活団は「婦人之友」「自由学園」「友の会」の創立者、羽仁もと子（1873 ～ 1957）によってはじめられた幼児教育の場である。現在全国に12ヶ所の友の会幼児生活団と7ヵ所の4才児グループがある。（出典：全国友の会幼児生活団：http://www2.ocn.ne.jp/~zentomo/seidan/dan.htm）。

7）「こどもの里」の「子どもの夜まわり」や「学習会」の様子は、「ホームレス問題の授業づくり全国ネット」が作成した教材用DVD『「ホームレス」と出会う子どもたち』（2009年制作）に収録されている。付属ガイドブック（解説/小中学校・高校用モデル学習指導案/関連資料）が入っている。「ホームレス問題の授業づくり全国ネット」は、子どもや若者たちによる「ホームレス」襲撃を防ぐために、支援者・メディア関係者・教員などによって2008年11月に結成された。「襲撃・いじめ」といった、子どもたちとホームレスの人々の「最悪の出会い」を、希望ある「人と人への出会い」へと転換していくために、襲撃問題を解決するための取り組みや、学校での「ホームレス問題」の授業・教育活動の実施、教材政策などに取り組んでいる。（出典：ホームレス問題の授業づくり全国ネット2009）。

8）カトリック大阪大司教区（大阪教区）は、日本にあるローマカトリック教会16教区のうちのひとつで、大阪府、兵庫県、和歌山県におけるカトリック教会の活動を管轄範囲としている。その中に地域ごとに77の小教区（いわゆる「教会」、2010年4月現在）が置かれている。またそれ以外に教区責任者によって認可された、さまざまな修道会（修道院）やカトリック施設・事業体などがあり、それぞれが独自の役割を担って活動している。「こどもの里」は児童福祉関連施設の一つである。（カトリック大阪大司教区ホームページ http://www.osaka.catholic.jp/a_shoukai.html）。

9）2000（平成12）年11月には「朝日のびのび教育賞」を受賞し、「あいりん子ども基金」が創設された。2011（平成23）年に、内閣府の「新しい公共の場づくりモデル事業」に「わが町にしなり子育てネットワーク」がエントリーした「児童虐待防止、子育て支援のための“人づくり・つながりづくり”事業」は、大阪府下の10の団体の一つに選ばれ、2012（平成24）年度の12月から開始されている。具体的には、HFA（Healthy Families America）の乳幼児期にスタート家庭訪問による虐待防止の子育て支援プログラム「Healthy Start」を取り入れるために、家庭訪問員を養成し、さらに、主任児童委員をはじめ各機関の支援者や子育て当事者のスキルアップを図るために「当事者から話を聴く会」を開催している（荘保2013：20 − 21）。

10）児童家庭福祉のサービスについて、網野（2002：178 − 187）はカドウシンが規定した3つのSと言われるサービス、すなわち支援（Supportive）サービス（親の児童養育の責任や機能を支援し強化する）、補完（Supplementary）サービス（親の養育の責任や機能の不十分さを補う）と代替（Substitutive）サービス（親の児童養育の責任や機能に替わって行使する）をあげている。さらに、子どもや親の抱える生活問題の発生を予防し、ひいては子どもがより健やかに生まれ育つことができるようにするための三つPと言われるサービスを示している、すなわち普及（Popularization）サービス（児童を愛護し健やかに育成する思想・理念の普及）、増進（Promotion）サービス（児童の心身の健康や発達の増進・促進）そして予防（Prevention）サービス（胎児および児童の発達上の障害や問題の発生予防）である。

11）私は、ジェネラリスト・ソーシャルワークとして児童館の機能を、ミクロレベルの子育ち・子育て支援機能と、メゾレベルの地域活動促進機能と、マクロレベルの子育ち・子育て支援体制づくり機能に整理した。「こどもの里」はこれらの児童館の機能も果たしているが、さらに、児童館としての機能だけではなく、地域における社会的養護機能も含む、多機能型の子育ち・子育て支援施設を展開していると言える。これを表にすると以下のようになる。

表3　包括的（総合的）地域子ども支援センター

<table>
<tr><th colspan="2">児童館の機能</th><th>A施設のサービス</th><th>児童家庭福祉サービス
（3つのPと3つのS）</th><th>公衆衛生</th></tr>
<tr><td rowspan="2">マクロレベル</td><td rowspan="4">子育ち・子育て支援体制づくく機能
地域活動促進機能</td><td>要保護児童対策協議会との連繋</td><td rowspan="4">普及サービス</td><td rowspan="4"></td></tr>
<tr><td>署名運動</td></tr>
<tr><td rowspan="2">メゾレベル</td><td>ホームページ，報告書作成配布</td></tr>
<tr><td>ネットワーク活動</td></tr>
<tr><td rowspan="3">ミクロレベル</td><td rowspan="3">子育ち支援機能
子育て支援機能</td><td>子どもの家事業（遊びの場）</td><td>増進サービス・予防サービス</td><td rowspan="2">第一次予防</td></tr>
<tr><td>相談</td><td>支援サービス</td></tr>
<tr><td>学童保育</td><td>補完サービス</td><td rowspan="2">第二次予防</td></tr>
<tr><td colspan="2" rowspan="3"></td><td>緊急一時宿泊事業</td><td>補完サービス・代替サービス</td></tr>
<tr><td>ファミリーホーム（生活の場）</td><td rowspan="2">代替サービス</td><td rowspan="2">第三次予防</td></tr>
<tr><td>（自立援助ホーム）</td></tr>
</table>

児童館の機能の詳細については、八重樫牧子『児童館の子育ち・子育て支援―児童館施策の動向と実践評価』相川書房、2012年を参照。

12）西成区の鶴見橋中学校において長年、生徒指導を担当し、この地域の教育ケース会議で中心的な役割を担ってきた西川祐功は、地域で生まれた子どもたちを排除せず、地域とともに自立を目指すために、地域が負担をしあいながら子どもを支える仕組みを、「地域里親」という言葉で表現している（平川2012：45）。「社会的共同親」と共通するところがある。

引用文献

阿部彩（2008）『子どもの貧困』岩波書店.

網野武博（2002）『児童福祉学　<子ども主体>への学際的アプローチ』中央法規.

ホームレス問題の授業づくり全国ネット（2010）『「ホームレス」と出会う子どもたち　ガイドブック　第3版』ホームレス問題の授業づくり全国ネット.

生田武志（2010）「釜ヶ崎について」、ホームレス問題の授業づくり全国ネット『「ホームレス」と出会う子どもたち　ガイドブック　第3版』ホームレス問題の授業づくり全国ネット、pp.6－9.

北村年子（2009）『「ホームレス」襲撃事件と子どもたち　いじめの連鎖をたつために』太郎次郎社エディタス.

こどもの里（2011）『2010年度　事業報告書』.

こどもの里（2013）『2011年度　こどもの里事業報告書』.

森本志摩子（弁護士）、荘保共子（「子どもの里・こどもの家」の館長）、山口敏江・杉村次郎・植月智子・植月健二（職員）、松浦悟郎（運営委員長）、神林宏和・吉岡基（副委員長）（2012）「『市政改革プラン（素案）に対する意見・提言』の件　意見書」.
荘保共子（2008）「パネルディスカッション　おおさかにおける人権問題とキリスト教社会福祉 ――『猪飼野』と『釜ヶ崎』の実践に学ぶ ―― 　発題要旨1　子どもの生きる力＝人権」『キリスト教社会福祉学会研究』（41）、pp.103 － 107.
荘保共子（2010a）「Interview　子どもの目の輝きを大切にしたい」『反差別人権研究みえ　通信』（22）.（『2010年度　事業報告書』こどもの里、p.162.）.
荘保共子（2010b）「こどもの里の歴史」『2010年度　事業報告書』こどもの里、pp.150 － 151.
荘保共子（2010c）「カトリック大阪大司教区こどもの里について」ホームレス問題の授業づくり全国ネット『「ホームレス」と出会う子どもたち　ガイドブック　第3版』ホームレス問題の授業づくり全国ネット、pp.8 － 9.
荘保共子（2011）「この子たちがいるから日本は大丈夫」、畑口剛・稲田七海・白波瀬達也・平川隆啓編著『釜ヶ崎のススメ』洛北出版、pp.74 － 77.
荘保共子（2012）「カトリック大阪大司教区こどもの里　since1977」パワーポイント資料.
荘保共子（2013）「こどもの支援と公衆衛生への期待」『公衆衛生』77（1）、pp.16 － 25.
田中聡子・西村いづみ・松宮透髙（2012）『断ち切らないで　小さき者を守り抜く「子どもの家」の挑戦』ふくろう出版、pp.41 － 64.
津崎哲雄（2001）「役者あとがき　社会共同親の理念達成のために」ボブ・ホルマン著/津崎哲雄・山川和弘訳（2001）『社会的共同親と養護児童　イギリス・マンチェスターの児童養護実践』明石書店、p.335.
平川隆啓（2012）「大阪市西成区における子どもの貧困と学校・地域からの支援」『貧困研究』（9）、pp.39 － 48.
ボブ・ホルマン著/津崎哲雄・山川和弘訳（2001）『社会的共同親と養護児童　イギリス・マンチェスターの児童養護実践』明石書店.
八重樫牧子（2012）『児童館の子育ち・子育て支援 ―― 児童館施策の動向と実践評価』相川書房.
UNISEF Innocenti Research Centre（2012）『Report Card 10』United Nations Children's Fund（UNICEF）.
わが町にしなり子育てネット（2012）『わが町にしなり子育てねっと　総会議案書』.

第5章　障害乳幼児の「育つ権利」の保障

高橋　実

はじめに

わが国の障害乳幼児の保育・療育にかかわる施策は、1970年に制定された「心身障害者対策基本法」および1971年の「精神薄弱者権利宣言」を受けて、入所型の保護政策から、地域生活を基本とする施策への転換、いわゆる「福祉元年[1)]」宣言（1973年）が起点であるとみてよい。それ以前の時代の障害乳幼児の保育・療育は、それぞれの施設や機関で先駆的な実践が行われていたが、家庭で育つ障害乳幼児の発達の権利を保障するような制度は存在しなかった。

それから40年、いま、障害乳幼児の保育・療育問題は、大きく変化しようとしている。とりわけ1990年代後半から21世紀に入っての10年間は、「社会福祉基礎構造改革」が眼に見える形で推し進められ、「社会福祉」の仕組みが段階的に「措置」から「契約」へと転換されていく時代[2)]であった。障害者や障害児の福祉もその例外ではなかった。彼らを公的責任において保護するという施策から、利用者の自己責任にもとづいてサービスを受ける、あるいはサービスを提供するという施策への転換である。

こうした変化はどのような理念にもとづいているのか。それはまたどのような方向に、どのような力によって、動いていくのだろうか。その変化の行き先を見通し、その変化をとおして障害乳幼児の「人権」をどのように守っていくのか。ここのところが明らかにされねばならない。

この問題を、1970年代にはじまる日本の、本格的な心身障害者にたいする施策や、理念の変化の歴史をたどりながら考えてみたい。この40年の間に、障害乳幼児の保育・養育観は大きく変化した。その変化は、国連を中心とした「人権」理念のグローバルな広がりに後押しされたものであり、これまで「弱者」とみなされてきた「女性」や「高齢者」や「障害者」や「子ども」たちの「人権理念」のパラダイム・チェンジに支えられていた。子どもについていえば、子どもを「愛護される権利」から子どもの「主体的に発達する権利」への転換である。

この理念的転換は、子どもの権利条約の批准によってなされたが、そのことが障害乳幼児の保育・療育問題を取りまく理念や施策にどのように影響をもたらし、どのような課題があるのかを探ることが本稿での課題である。

1　日本における障害乳幼児の保育･療育施策の確立
――「先駆的試み」から「普遍的施策」へ

歴史的にみれば、戦前、とりわけ日本が近代国家の体制をととのえ、公教育制度が成立していらい一貫して、障害乳幼児の保育・療育については、一部の先駆的、実験的な試みを除いて制度としては存在しなかった。障害児の教育に関しては、1916年に京都市立盲唖院の聾唖部に幼稚科が設けられたのが最初[3]で1925年には、東京聾唖学校に初等部幼年組[4]が設けられた。そして1926年には、京都市立聾唖学校の保護者有志によって京都聾口話幼稚園が創立されている[5]。

知的障害児については、1938年に設立された恩賜財団母子愛育会によって設立された愛育研究所に設けられた特別保育室での保育室[6]が設置されたのが最初である。このように、戦前の障害乳幼児の保育は、聾教育における口話法の教育と愛育研究所の研究的な保育が行われているのみであったといえる。

戦後、世界の人権思想を反映させた「日本国憲法」を基盤に1947年に「児童福祉法」が成立した。障害乳幼児の保育・療育における児童福祉の意義がここではじめて認められるようになった。それ以前は私的な慈善事業、社会事業として展開されてきた障害児施策が、子どもの人権を実現する普遍的施策の一環とみなされはじめたのである。しかし、障害児については入所施設への保護が中心で、家庭から通える在宅施策としての制度化には、かなりの時間を有することとなった。

こうした状況から障害乳幼児の保育・療育はどのように進んだのか。戦後の日本の障害乳幼児の保育・療育の制度化は、次のような5つの段階をとおってきたと考えられる。

第1段階は、先にものべたように、戦前からのながれを引きついで、障害児保育の先駆的実践は見られるが、普遍的な就学前保育、療育制度が未整備の時期である。(1945年～71年)

戦後の障害乳幼児保育の歴史は、1949年の「愛育研究所」の特別保育室の再開にはじまる。1955年には、この特別保育室を発展させて「私立愛育養護学校幼稚部」が小中学部と同時に開設され、同じ年、京都では、「白川学園」に併設されていた「鷹ケ峰保育園」の一部に30名定員の特殊保育部が設置され、それが京都市から認可されている[7)]。

1963年になると、「東京教育大学附属大塚養護学校」に「幼稚部」が開設されて、障害幼児保育の実践がはじまり、全国のろう学校、盲学校、養護学校の半数に幼稚部の設置が決定されたのもこの年である。しかしこれらの試みは、一部の保育所、養護学校の幼稚部などで実践されただけで、全国的な広がりをみるにはいたらず、また制度として認められたものでもなかった[8)]。

知的障害をともなわない、盲・ろう児に対しては、1956年に盲学校、聾学校の義務化が成立している[9)]。しかし知的障害児や肢体不自由児は、ほとんどが就学を猶予されていた。それを代替する制度として、1957年には精神薄弱児通園施設が、1963年には肢体不自由児施設通園部門、1969年に肢体不自由児通園施設(単独障害児については、幼児期から)が制度化された。精神薄弱児通園施設は、養護学校の代替施設として6歳以上の障害児しか受け入れていなかったので、5歳以下つまり就学前の知的障害児は、基本的には、通園できなかったのである。

こうした状況からすすんで1970年代にはじまる就学前の障害乳幼児の保育・教育・療育制度が確立する第2段階がはじまる(1972年～1978年)。1971年日本では、国連で採択された「精神薄弱者権利宣言」を受けて、「中央児童福祉審議会」が中間答申をだし、「心身障害児(者)を社会の一員として、その基本的人権を保障する方向を明確にした上での幅広い各種施策の実施が望まれている」と明記した。子どもをふくめて心身障害者の人権を保障するための具体的な施策の必要が、はじめて正式に認められたのである。ノーマライゼーション[10]という理念が社会に広がり始め、障害者は、大規模な入所施設に隔離されたり、分離されたりせず、地域社会の中で通常の市民と同じように生活することを保障される権利があると認められ、そのための具体的な施策が求められ始めたのである。その一つの現れとして、通園施設にも療育指導、相談機能を併せ持たせることにより、これを地域に根ざした在宅施策の「拠点」としていくことが求められた。障害者を特別な施設に囲い込むことではなく、地域のなかで「共生」していく理念とその保障が求められはじめたのである。

1972年には厚生省が「心身障害児通園事業実施要綱」を策定した。そこでは、「市町村が通園の場を設けて、心身に障害のある児童に対して、通園の方法により、指導を行い、地域社会が一体となってその育成を助長すること」とされ、その対象を「精神薄弱、肢体不自由、盲、ろうあの障害を有し、通園による指導になじむ幼児」だとされた。これまで入所施設での保護が中心であった就学前の障害幼児施策が、はじめて、その親子が居住する地域で、通園しながら養育される、そうした施設が設置されることが定められたのである。しかしそれは、人口の少ない地域でも設置できるようになったが、この施設の質を維持することがむずかしい状況も生まれた。職員待遇に格差が生じ、給食の提供もなく、通園方法の保障もないという、多くの課題をかかえたものが多かった[11]。

1973年、滋賀県大津市が保育所について先駆的な試みをスタートさせた。それは、早期発見・早期教育がスローガンとして掲げられ、「市立保育所に10名、民間保育所に21名、市立幼稚園に42名、民間幼稚園に2名の合計75名の障害児」全員を受け入れるという試みで、いわゆる大津方式と呼ばれ、その後の全国展開のモデルとなったものである[12]。

同じ年、中央児童福祉審議会は、「当面推進する児童福祉対策について」と題する「中間答申」を発表し、その中で、「心身障害児の保育」を推進すべきことを提起している。これをうけて、1974年に厚生省は「障害児保育事業の実施について」という通知を出し、また「障害児保育事業実施要綱」

を発表した。この年から、定員90人以上の保育所で、保育所の入所基準に該当する、中軽度の集団保育が可能な障害児を、1割程度入所させた場合には、2名の加配保育士が配置されるという制度が現実化した。全国18か所にそれが指定されて行われた[13]。

保育所での障害児保育が開始されたこの1974年には、幼稚園でも私立学校特殊教育補助として、障害児の受け入れと加配のしくみが制度化されている。さらに精神薄弱児通園施設において、通園児は満6歳以上という条件が廃止され、就学前の子どもも通園できるようになった。1975年には、難聴幼児通園施設が制度化され、就学前の障害児の通える場が、保育所と障害児通園施設で初めて公的に認められ、それが全国に広がり始めたのである。

しかし1974年の保育所における障害児指定園方式は、利用する親子にとっては、地理的条件を含めて、実際の保育ニーズにあわないものであった。そして、1977年には、乳幼児健診に1歳6か月健診が導入され、早期に発見された中度の障害児の保育の場が必要と認められるようになった。そこで、1978年の、「保育所における障害児の受け入れについて」（厚生省通知）により、集団保育が可能な中程度の障害児を受け入れる保育所に対し、障害児4人に保育士1人を配置する補助金が支出されることになった[14]。保育所においては、この制度変更により、すべての保育所で障害児加配方式による中軽度障害児の普遍的な障害児受け入れ制度が整えられたのである。しかし、重度の障害児の受け入れの場の整備は、十分なものではなかった。

2　障害乳幼児の保育･療育システムの展開
――「医療モデル」から「地域共生モデル」へ

障害乳幼児の保育・療育の第3段階ともいえる1979年から1994年にかけてのこの時期は、保育所・幼稚園における統合（インテグレーション[15]）保育と障害児通園施設における重度障害児の療育システムが発展した時期であった。

1979年には、知的障害児や肢体不自由児、重症心身障害児の養護学校への受け入れが開始されている。重度障害児にはじめて教育権が保障されることとなった。この養護学校義務化に伴い、就学前の障害児の障害児通園施設での療育ニーズも急速に高まり、同年には、就学前乳幼児の療育の場として、「心身障害児総合通園センター」の制度がつくられ、中規模以上の都市において、就学前の療育センター的な機能を果たした。

1980年代になると障害乳幼児を含めた障害者の社会参加と一般市民と同等の生活を保障するノーマライゼーション理念に基づく施策が、積極的に推し進められるようになった。1980年には、WHOにより、障害の医療モデル[16)]に基づく、障害の機能分類が提案され、政府内には「国際障害者年推進本部」が設置された。そして1981年には、国連の国際障害者年が提起され、障害の早期発見・早期療育の体制が整えられていった。また、保育所の障害児に対しては、自治体独自の巡回相談体制が整備される地域も増えていった。1982年からは、「国連障害者の10年」の行動計画が提起され、ノーマライゼーション理念に基づく障害者施策が、各地で実施されていったのである。

1989年には、国連で「子どもの権利条約」が採択されている。同年には、「重症心身障害児通園モデル事業」が開始され、重症児も地域で家庭生活をしつつ通園するという試みがなされ、1996年からは、それが本格的に実施されたのである。

1990年代になると、障害児（者）のノーマライゼーションのための施策が一層推進された。1990年は、福祉関係八法が改正され、在宅福祉サービスの推進と福祉サービスの市町村への一元化の方針が打ち出された年である。子どもについていえば、1989年に合計特殊出生率が1.57となり、将来の日本の人口減少社会が確実に予測されるようになり、「少子化」問題が喧伝され社会問題化されはじめた。障害児についていえば、「心身障害児通園施設機能充実モデル事業実施要項」が出されて、通園施設の機能の拡充が図られるとともに、心身障害児（者）の地域療育拠点施設事業によって、入所施設の地域利用化が図られた[17)]。1993年には、これからの保育所懇談会の提言「今後の保育所の在り方について」がだされ、1994年から「特別保育事業」の中に、障害児保育が位置づけられるようになったのである。この年、日本は「子どもの権利条約」に批准している。急速にすすみつつある少子化にたいする対策にうながされ、他方では「子どもの権利条約」にもとづく子どもの人権、つまり子どもの人間として育つ権利、すなわち主体的に自立する権利の保障という国際条約に後おしされて、日本の障害乳幼児の保育・療育システムは変化への大きな一歩を踏み出したのである。それは「子どもの養育の社会化」への一歩でもあった。保育所機能の拡充と子育て支援施策を大きくうちだした「エンゼルプラン」が出されたのもこの年であった。「子どもの権利条約」をてこにして、親が子どもを保育・養育できないときに限って、国や地方自治体がその保育・養育を肩代わりして保育・養育するという保護施策から、親が地域の中で安心して子育てでき、権利として子どもが育つことを、国が最大限の努力をして支援するという、地域子育て支援施策、すなわち親としての自立を国が支援するという施策へと、大きく転換する契機となったのが、1994年であった。しかし、エンゼルプランは、国の少子化問題と子どもの権利条約における子どもの育つ権利を保障する理念とが、混同される形で提起された施策であった。

障害乳幼児の保育・療育の社会化にむけての第4段階は、地域療育の観点からの保育と療育の連携が開始された時期（1995年～2002年）である。

障害児（者）施策という観点からみると、1995年に発表された「障害者プラン」において、地域療育の重層化が提起されている。その結果、「障害児通園事業」（デイサービス）が増設され、地域の障害児施設や障害児通園施設の職員を、地域に派遣して支援する「障害児（者）地域療育等支援事業」が開始されている。つまり、希望する保育所、幼稚園に障害児療育の専門家が派遣されて、専門的な療育支援が行われるシステムが導入されたのである。また保育所、幼稚園利用者が通園施設の外来相談を併行して利用できるしくみもつくられた。これは、普通の幼児たちとともに障害乳幼児が育つとともに、障害をもつ子どもとしての専門的な支援も個別にうけることが出来るシステムであった。個別の障害乳幼児の「育つ権利」の保障が、こうした形で実現されはじめたということができる。

1997年は、「児童福祉法」が大きく改正され、保育所の入所の仕組みが、「措置」から「契約」に転換がはかられた年である。その結果、障害乳幼児についても、保育所と通園施設との並行利用について「定員内」であれば認めるという通知が出され、これまで「二重措置」とされて、利用できなかった保育所児童の通園施設との併行利用が可能となったのである[18)]。また、障害児保育が、「障害児保育対策事業」として独立し、障害児保育の拡充が図られてもいる。他方で、1998年には障害児通園施設でも障害種別間の相互利用ができるようになり、同年8月には、「障害児通園（デイサービス）事業について」（厚生大臣官房障害保健福祉部長通知）も出され、心身障害児通園事業が、市町村主体の障害児通園事業として位置付けられるようになった。

社会福祉施策においては、1998年は「社会福祉基礎構造改革（中間まとめ）」が出され、2000年には、これをうけて、「社会福祉法」が改正されるとともに「介護保険法」が施行されており、高齢者の介護についても行政権限によって介護を必要とする高齢者を保護する「措置」制度から、市町村を単位とした契約に基づく地域介護へと、介護の地域化、社会化が図られることになった。

戦後日本の福祉国家の構築のなかで、こうした高齢者を含めて、障害者や子ども等ケアを必要とする人たちは、「措置」制度のもとで行政的に「保護」されるものとして扱われてきた。そのシステムが、21世紀になって大きく転換しはじめたのである。大まかに言えば、「行政的な保護」から、「契約に基づく利用」への転換である。それは、障害児施策においては、専門的なケアを特別な専門的な施設のみに集めて支援する仕組みから、地域の家庭を生活基盤に通園の場で支援する仕組みへの転換でもあった。

このような社会福祉施策の「措置」から「契約」への大きな変化を背景として、保育所における障害児保育と障害児通園施設での療育とが、障害者プランでの「地域療育」という視点で、一つに結びつけられ始めた。それまで比較的独立して発展してきた障害児保育と障害児通園施設の療育とが連携して、障害乳幼児を「地域」で支えるという方向にすすみ始めたのである。

これは、ケアの社会化への第1歩をふみだしたことを意味する。高齢者も、障害乳幼児を含めた子どもも、明治期、近代社会の成立いらい、家族の中で、そこを中心とした個人（大抵は、嫁や母親や娘という名の「女性」）によってケアが担われてきた。しかし21世紀を迎えた今、パラダイム・チェンジが始まったのである。これまでケアのシステムは「家族」の中に求められてきた。しかしその「家族」の機能がほとんど失われてしまったいま、ケアは「地域」の中にシフトしつつある。しかもその「地域」は、専門的な厚い知識やケア技術に支えられた「地域」であり、「共生」システムである[19)]。高齢者も子どもも、そして障害乳幼児（者）も、同じ地域「共生」システムの中にいる。

障害児の「育ち」は、保育所生活を通してだけではなく、療育の専門機関を含めて、地域での養育への相談・支援が求められる。2000年には、「児童虐待防止法」が施行され、家庭での養育支援に対する課題が鮮明になってきた。それに加えて、この頃から、いわゆる「気になる子」の増加も問題となってきた。このことは、保育所や幼稚園に入園した通常の乳幼児が、発達の過程で特別な支援を必要とするようになるケースの増加を意味しており、子どもの「育つ権利」の保障として、専門的な特別な「療育」の相談や配慮もより一層必要となってきている。

第5段階は、21世紀になってからの新たな展開である。障害乳幼児の地域ケア施策の実施責任の主体が市町村に統合化された時期（2003年～2012年）である。

障害児（者）福祉施策の主体の市町村への統合は、利用の仕組みが、段階的に「措置」から「契約」制度に移行するとともに、段階的に運用の権限が市町村に移されたことに見られる。具体的にみれば、2003年に障害者福祉法における施策が措置制度から障害者サービス提供事業所との直接契約にもとづく支援費支給制度に変わった。この制度変更により、障害乳幼児の施策においては、居宅サービスに位置づけられていた、「児童デイサービス事業」「児童短期入所児童サービス」などが支援費支給制度の適用となっている。

しかし、「児童福祉法」に規定されていた障害児通園施設では「措置」制度が維持されていた。この結果、乳幼児健診、その後の親子教室などで、療育的支援を必要とする子どもが、児童デイサービスを利用する場合は、市町村からの受給者証を必要とし、障害児通園施設利用の場合は、児童相談所による「措置」、保育所や幼稚園を利用する場合は「直接契約」という複雑なしくみとなった。このことにより、とりわけ障害受容のできていない保護者に、児童デイサービスの利用を勧める場合の受給者証の発行の仕方が課題となった。

さらに、2003年から、障害児保育と障害児（者）地域療育等支援事業の補助金が、地方交付税交付金として、一般財源化された。障害児保育においては、特別児童扶養手当支給対象児童（重度・中度障害児）4人に対して1人の保育士の配置を地方交付税算定対象とし、市町村への地方財政措置が行われることとなった[20]。また、障害児（者）地域療育等支援事業は、都道府県への地方交付税として、一般財源化されている。

2004年には、知的障害を伴わない発達障害児の支援のため「発達障害者支援法」が成立し、2005年から施行された。このころから保育所における障害児保育についても、中、重度の障害児の加配のしくみだけでは、知的障害を伴わない発達障害児に対する支援が困難となってきた。そこで、障害児保育の支援のしくみは複雑になり、市町村によって異なり、また異ならざるをえなかった[21]。そして、2006年には「障害者自立支援法[22]」が施行され、「児童福祉法」で規定されていた障害児通園施設が、障害者自立支援法に組み込まれ、措置制度から契約制度への転換がはかられた。同年、国連では、「障害者権利条約[23]」が採択されている。また保育施策においては、保育所と幼稚園の統合をめざす「認定こども園」制度が開始されている。

2007年は、学校教育において特別支援教育が開始された年である。保育所の障害児保育においては、同年から、障害の重い児童以外の特別な支援が必要な児童に対処するために、地方交付税の算定対象を軽度障害児にまで広げられ、地方交付税が拡充されたことによって、特別な支援が必要な児童2人に対して、保育士1人を配置するようになった[24]。

そして、2008年から厚生労働省で「障害児支援の見直しに関する検討会」が行われた。この答申にもとづいて2010年に法改正がおこなわれ、2012年4月から、障害児通園施設は、再び「児童福祉法」のもとに移されるとともに、障害種別の壁が取り払われて「児童発達支援センター」とされ、児童デイサービス事業は、児童発達支援事業とされた。そして、児童発達支援センター（旧障害児通園施設）は、都道府県の所轄から各市町村の所轄へと移されたのである。

3　「子どもの権利条約」および「障害者権利条約」の成立と障害乳幼児の「育つ権利」

障害乳幼児の保育・療育施策のこうした40年にわたる歴史的展開をとおして明らかになったことは、この間に、これまで「福祉国家」のなかで特別な場で保護をされるべき存在だとみなされてきた人たちが、一般市民と同等に自立（自律）して生活する「権利」をもち、通常の地域社会の中で「共生して生きる権利」とともに、「専門的なケアを通常の場で受ける権利」を同時にもつと認められはじめたことと結びついている。障害者施策においても、障害者の保護施策から自立支援施策へと大きくパラダイム転換が図られようとしているのである。

「子どもの権利条約」が国連で決議されたのは1989年であったが、それは、国際連盟や国際連合において宣言されたさまざまな権利宣言（1922年の「児童憲章」、1924年の国際連盟によるジュネーブ宣言、1948年の国連による「世界人権宣言」、1959年の「子どもの権利宣言」）を踏まえて、1989年に国連で決議されたものである。この「子どもの権利条約」は、この10年まえの1979年に国連で決議された「女子差別撤廃条約」とともに、20世紀に発せられた人権宣言の中でも時代を画するものであった。1991年には「高齢者のための国連原則」が認められ、2006年には「障害者権利条約」が国連で採択されている。日本では、「女子差別撤廃条約」は1985年に、「子どもの権利条約」は1994年に、日本が条約に批准した。そして「障害者の権利条約」は2013年6月、障害者差別解消法[25)]が法制化され、批准に向けた国内の法整備がすすみ、同年12月批准が国会で承認された。

障害乳幼児の保育・療育の施策のパラダイム・チェンジは、こうした「弱者」たちの「人権」革命と切り離しては考えられない。女性には、自立して社会に参加し働く権利があり、子育ては男性にも、そして社会にも責任があるとする「女子差別撤廃条約」の人権理念をはじめとして、子どもにも高齢者にも、そして障害者も保護される対象から、主体的に意見を表明し、社会に参加することにより、社会の中で「自立」し生きる権利があることが認められたのである。

このような「子どもの権利条約」と「障害者権利条約」の二つの権利条約をふまえて、障害をもつ子どもの人権はどのようなものとされているのだろうか。それは次のようにまとめることができるであろう。

まず第1に、精神的又は身体的な障害を有する子どもは、彼らの尊厳を確保し、自律や自立を促進し、社会への主体的な参加を保障されること、第2に、こうした子どもたちは、特別な養護を受ける権利があること、第3に、与えられる援助は、可能な限り無償であり、適当な情報、照会及びカウンセリングが提供されることである。またその情報は、彼らが十分かつインクルーシブ[26)]な生活を営む潜在能力及び権利をもつことについての肯定的な見方でなければならない。第4に、これらの子どもは、障害にもとづくいかなる差別もされず、多様性が認められ、他の子どもと同じ権利と基本的自由が保障され、子どもの人格、才能、精神的身体的な能力を最大限に発達させるようにはかられることである。第5に、教育を個人の特殊事情に合わせることによって最大の発達を保障すると同時に、障害を理由として一般の教育制度から排除されないこと。そのためには、点字や手話などの意思疎通の手段を十分保障することなどである。

これは、障害乳幼児の人権におけるパラダイム・チェンジを意味している。すなわち、20世紀後半に到達した、障害観は、医療モデルであり、障害児の早期発見、早期治療が目指され、障害者の支援は、ノーマライゼーション理念に基づき、障害児者を通常の社会や生活に統合（インテグレーション）させるという考え方であった。一方、21世紀からの障害観は、障害は、発展する概念であり、障害者と障害者に対する態度及び環境による障壁との間の相互作用であって、障害者が他の者と平等に社会に参加することを妨げる社会的障壁によって生じるという社会モデルに転換された。そして、障害者支援は、障害者も含めた、社会で生活している人々すべての多様性を認め、排除しない社会へと、通常の社会自体を変えていこうとするインクルージョン理念へと転換したのである。

障害乳幼児の育つ権利の視点からみると、身近な保育・幼児教育の場ですべての子どもが保育・教育されると同時に、一人一人の障害特性や発達特性に見合った専門的ケアも同時に受けられること、そのためには、専門家が通常の保育現場に出向き、保育者と協働して、インクルーシブな保育内容、保育方法を協働してつくっていったり、特別なケアを行っていくという方向への転換である。

また、これまで特別なケアを必要とする子どもを保護して、別の場で保育されてきた障害乳幼児の療育の場は、同じ保育、教育的ニーズをもつ障害乳幼児やその保護者が、自己の尊厳と自立（自律）を確保するために、当事者同士交流し、情報を共有し、共同で地域社会をインクルーシブなものに変革していくための機会を保障する当事者の自立（自律）のための権利を保障する場として捉え直すべきである。

こうした障害乳幼児の「育つ権利」の保障は、具体的にどのようなものであったらよいのか。それは、障害乳幼児の保育・療育研究における重要な課題であるが、その課題を明らかにするにあたって幾つかの論点を明らかにしておきたい。

第1の論点は、できるだけ早期に、子どもを養育する保護者に対して障害乳幼児に関するこうした情報を提供することである。その情報は、障害を理由に通常の保育から排除されず、インクルーシブな生活を営む潜在的能力や権利についての情報提供である。乳幼児健診のさらなる充実とともに、適切な情報提供とカウンセリング、家族全体に対するソーシャルワーク的支援が必要であり、それを提供できる人材を確保し、市町村に配置することである。

第2の論点は、インクルーシブ理念の普及と徹底である。それは、保育所、幼稚園、認定こども園などの通常の保育の場から障害乳幼児が排除されないということである。その理念を現実的なものにしていくためには、通常の保育の専門家と障害乳幼児の療育の専門家とが、徹底的に議論し、子どもひとりひとりの特別なニーズを把握した上で、特別なニーズをもつ子どもを、みんなの中のひとりとして扱い包摂する、そうした保育内容、保育方法を探求する実践や研究をすすめていくことである。

第3の論点は、障害乳幼児の尊厳を確保し、「自律や自立」を確保するためには、子どもが特別な養護を受ける場の確保と同時に、障害乳幼児を育てる家族の当事者集団としての機能も必要である。子どもたちは、特別な養護を受ける権利を保障され、その家族が子どもの養育に必要な知識や技能を身に着け、当事者としての主体的な子育てを専門家と協働して行い、権利擁護の主体として社会参加するために「児童発達支援センター」や「児童発達支援事業」が豊かに展開される必要がある。

第4の論点は、こうした「児童発達支援センター」は、通園部門に通園する子どもと保護者を支援するとともに、通常の保育所のなかでの障害乳幼児の特別なニーズにきめ細かく、かつ専門的に支え、障害乳幼児の発達を保障する支援を行う必要がある。そのためには、「児童発達支援センター」の、より安定的で高い専門性をそなえたスタッフの確保が必要であり、また各地域に数多く増設される必要がある。

第5の論点は、子どもが特別な養護を受けることはすべての子どもの権利であり、そのために与えられる援助は、可能な限り無償でなければならないということである。

こうした障害乳幼児はいま、どのくらいいるのだろうか。かつて私は、「気になる子ども」についての保育所での保育士への調査を行ったことがある。その調査では、2002年度には、A市保育所児童の4歳児の15.8%、5歳児の16.8%が気になる子どもだという回答を得たことがある[27)]。2011年度調査ではそれがさらに増えて、4歳児の25.1%、5歳児の26.2%がそうだという回答を得た[28)]。2002年から2011年のこの10年の間に、保育士の実感による「気になる子ども」の存在は、4歳児、5歳児とも1.6倍に増えている。これは、2004年の「発達障害者支援法」の施行により、「発達障害児」の問題がクローズアップされて、障害児について、より広く認識されはじめたことの現れだと考えられるが、実際にそうした行動傾向をもつ子どもが急速に増加していることも否定できない。

こうした「気になる子ども」をどうとらえるか。こうした子どもを「発達障害」であるととらえて本当によいのだろうか。杉山（2011）は、developmental disorderという英語を「発達障害」と訳したところに問題があるとしている[29)]。それは、これまでの既存の秩序や概念にてらして、はみ出る行動をするということを意味しているにすぎず、「発達障害」は「発達のでこぼこ」を意味しているにすぎないというのである。こうした観点からすれば、保育士が「気になる」とする約4分の1にもなる子どもは、杉山の指摘するように、この年齢段階における「発達のでこぼこ」であり、それは発達の「特性」なのだと理解することができる。この「でこぼこ」の子どもたちを、一緒に、しかもそれぞれの「でこぼこ」を活かしながらどのように保育・教育するか。これが「インクルーシブ」保育理念が問いかける問題であると思われる。

4　「でこぼこ」保育のこころみとその実践

「でこぼこ」保育は、戦後日本の保育実践の中での幾つかの先駆的な実例をあげることができる。その一つは、「さくら・さくらんぼ保育園」であり、もう一つは岡山県倉敷市にある「若竹の園保育園」である。1956年、埼玉県深谷市に誕生した「さくら・さくらんぼ保育園」は、園長である斉藤公子のユニークな保育実践を基盤にして発展したものであった。それは、1971年に深谷市の郊外に移設されて、「看板も垣根もない保育園、応接間も玄関もない保育園、園児募集も職員募集もない保育園なのに……年々広がって」いる保育園として知られていた[30)]。障害児教育研究者である清水寛は、「(さくら・さくらんぼ保育園では)、二百人近い園児の約一割が障害児であると伺っていました。しかし、広い園一杯に広がって、思い思いに遊んでいる子どもたちにすっかり溶け込んでいてすぐにそれと気づくことはできませんでした」[31)]と述べている。

明治以来の日本の保育実践の思想をまとめた宍戸健夫の『日本の幼児保育』によれば、斉藤公子の「さくら・さくらんぼ保育園」の保育実践の特徴を次のようにまとめている。その第1は、戸外での遊びや作業を十分させること、第2は、絵による表現を重視すること、第3は、リズム運動の重視、第4は、すぐれた文化財の重視、第5は、個の確立とともに集団づくりを重視することである。そのなかで、障害のある子も含めて「みんなで育ちあう」という気持ちを、基本的には子どもたちがみんなで楽しく遊ぶことの中で育てるというのである。障害のある子どもについてクラスの中で話し合いをもつことで、子どもたちの理解を深め、いつの間にか排泄の汚れなどの世話をごく自然に手伝い、子どもたちは、同じ仲間として受け止め、ごく自然に必要なときに適切な援助をするようになるというのである[32]。

本書の高月論文で紹介されている「若竹の園保育園」はもう一つの例である。昭和の始め、倉敷紡績の経営者大原孫三郎の援助によって創設された「若竹の園」保育園は、倉敷紡績工場で働く女性たちの子どもを含めて、倉敷の地の子どもたちが入園できる保育園であり、そのユニークな保育実践で知られていた[33]。ここでは、20世紀のはじめイタリアで貧しい地域の障害児保育から生み出されたマリア・モンテッソーリの保育・教育法とりわけインクルーシブな保育実践が、いち早く取り入れられ実践されている。

公立の保育所においての先駆的な実践例は、滋賀県大津市の保育園[34]にみられる。ここでは、全国の障害児保育制度に先駆けて1973年に、希望する障害児の保育所受け入れが開始されている。これは、大津方式といわれる乳幼児健康診査において、健診もれ、発見もれ、対応もれゼロをめざし、すべての障害乳幼児と保護者に対して、乳児期での障害の早期発見と療育、1歳から2歳台に早期療育と両親教育をおこなうこと、3年間の障害児保育を受けることのできる体制づくりなどを内容としていた。大津市の保育所、幼稚園における障害児保育のしくみは、この早期発見、早期療育体制の中に位置づけられており、健診や療育、保育等の担当者で編成されるスタッフ会議で、その子どもと両親にとって必要な支援について検討がなされ、就労や家庭支援という視点から保育所への入所が必要という判断になると、そこで必要な保育条件や保育者配置、家族支援の方法についての意見交換がなされ、その検討を踏まえて保育所への入所が決定される。

こうした保育所における障害児保育の実践はきわめて重要である。障害乳幼児の「育つ権利」と親が「働き自立する権利」とをどのように保障していくかについて、実践的に考える手がかりを私たちに与えるからである。

おわりに

確かに、「気になる子ども」は増加している。しかしこれらの「気になる子ども」をどう養育していくのか。いま、あらためて問われなければならない。そのための課題の第1は、これまで積み上げられてきた障害乳幼児の

「養育」観のパラダイム・チェンジをすることである。「気になる子ども」を含めた子どもが「育つ」権利をどう保障するのか。障害乳幼児の養育についていえば、親が子どもの障害を受容することだけを目指す相談体制であってはならず、通常の子ども支援、子育て支援と障害乳幼児の相談支援とを一体的に行えるしくみが構築される必要がある。

第2は、「女子差別撤廃条約」が示すように、「子どもの養育は社会に責任がある」という理念を具体化することである。「社会の責任」としての養育は原則無償で行われるという理念である。とりわけ障害乳幼児については、この原則は大きな意味を持つと考えられる。

第3は、保育内容や保育環境の見直しである。それは、一斉保育の在り方、声掛けやまなざしの切り替え、すなわち、子どもを変えるのではなく、保育方法を子どもにあわせる工夫を行うことである。それぞれの個性に応じた保育という理念は、障害乳幼児の保育・教育に必要であり、この理念にそった現実が構築されるべきであろう。

第4は、こうした保育・養育システムを構築するには、あらためて高度な知識と幅広い視野をもつ専門的なスタッフの養成が必要である。これらの専門スタッフが、障害乳幼児の保育・養育にかかわる行政に深くコミットし、障害乳幼児の「人権」をまもるために、活躍する。これこそが「地域共生」の理念を現実のものにするカギとなると思われる。

注

1）1960年代の日本は、男性稼ぎ主の雇用を徹底して安定させる日本型の雇用レジームの仕組みが優先して整えられ、日本の福祉レジームの量的拡充は遅れていたが、社会的支出のＧＤＰが、10％を超えて欧米の福祉国家の末尾についたのが、1973年の田中角栄内閣のときであった。この年に拡大したのは、物価上昇率に連動された高齢者医療など、高齢世代向けの保障であった。また、この時代は、野党勢力に支えられた革新自治体が、叢生した時代であり、その危機感もあり、福祉元年が宣言された。しかし、同じ年にオイルショックが起きたことで、福祉レジームの拡大は、長続きしなかった。宮本太郎編著「福祉政治」ミネルヴァ書房、2012年、宮本太郎、総論「福祉政治の展開」6-7ページ。

2）措置とは、都道府県知事、市町村長等の措置機関が、国の公的責任に基づいて、社会サービスを必要とする人にサービスを行う行政的な決定のことである。平岡公一、平野隆之、副田あけみ編「社会福祉キーワード」有斐閣、1999年、11ページ。契約制度導入に対しては1997年の介護保険制度の法制化にあたり、①国や地方自治体の公的責任の縮小と公的費用負担の削減が目的である、②経済的弱者の費用負担が非常に重くなる、③企業も参入する競争原理は、福祉サービスの形骸化につながる、③措置制度でもサービスを提供する資源に余裕があれば、利用者の選択は可能であるなどの反対意見もあったが、十分議論が深まらないまま、具体的改革が先行したという経過があった。高橋実著「発達に困難を抱えた人の生涯発達と地域生活支援」御茶ノ水書房、2010年、22ページ。

3）文部省『特殊教育百年史』東洋館出版、1978年、82ページ。

4）文部省、前掲書、126ページ。

5）文部省、前掲書、84ページ。

6）加藤正仁「早期療育」（日本精神障害者福祉連盟『発達障害―戦後50年史』日本文化科学社、（1997年所収）、200ページ。

7）加藤正仁、前掲論文、200ページ。

8）加藤正仁、前掲論文、p.200。

9）松矢勝宏「教育」（日本精神障害者福祉連盟、前掲書所収）、67ページ。

10）ノーマライゼーションとは、デンマークの「知的障害者教育法」（1959）の成立に大きな貢献をしたバンクーミケルセンによって、施設入所の知的障害者の生活を可能な限り通常の状態に近づけることが提唱されたのが始まりとされている。石部元雄、上田征三、高橋実、柳本雄次編「よくわかる障害児教育　第3版」ミネルヴァ書房、2013年、11ページ。

11）加藤正仁、前掲論文、204ページ。

12）伊藤健次編『新・障害のある子どもの保育』みらい、2007年、27ページ。

13）田澤あけみ『障害児福祉・家族援助の在り方・新訂版』一橋出版、2002年、139ページ。

14）田澤あけみ、前掲書、139ページ。

15）インテグレーションは、おもにイギリスなどで使われていた用語で、学校教育では、「統合教育」という言葉で知られている。これは、障害をもつ児童生徒と他の子どもが同じ場所（位置的統合）、子どもたちとかかわりながら（社会的統合）、すべての教育課程や学校での活動の不可分の要素として「障害」をもつ児童・生徒の教育を位置付ける（機能的統合）ものとして理解されてきた。日本では1980年代を中心にこの考え方が広がった。一方で十分な学習が行われるように条件整備をすすめない、形ばかりの「統合」に対しては、それがまるで「障害」をもつ児童・生徒を通常学校に投げ込むだけのように見えたことから「ダンピング」との言葉で強く批判もなされた。石部元雄、上田征三、高橋実、柳本雄次編　前掲書、10ページ。

16）1980年、国連のＷＨＯは、障害に関する初めての国際分類として、国際障害分類を試案として公表した。何らかの病気・変調が機能障害、能力障害、社会的不利を引き起こすという階層モデルで、このモデルが医療モデルといわれた。石部元雄、上田征三、高橋実、柳本雄次編前掲書、6ページ。

17）宮田広善編著『障害児（者）地域医療等支援ハンドブック：その理解と円滑な実施のために』ぶどう社、10～11ページ。

18）林邦雄、矢田貝公昭監修、青木豊編著『障害児保育』一藝社、2012年、57ページ。

19）地域におけるケアの専門性については、まだ課題があるが、社会福祉士介護福祉士法が制定されたのは、1987年、児童福祉法が改正され、保育士の国家資格化が図られたのが2001年である。

20）子ども・子育て新システム検討会議作業グループ・基本制度ワーキングチーム（第7回）「障害児に対する支援について」資料2、内閣府ホームページ。

21）実際にA市の公立保育所では、障害児専任加配保育士が地域ブロックごとに配置され、保育所を巡回して、ケース会議での助言を行うという保育支援を行っていた。このケース会議で子どもの見方、保育方法に対する助言を、市内の障害児通園施設のコーディネーターが地域療育等支援事業の施設支援として行うという、独特の保育支援システムが構築されている。田丸尚美、田中浩司、高橋実、瀬川直子「地域における障がい児保育の支援システムの研究（その1）」福山市立女子短期大学研究教育公開センター『年報』第8号、2010年、5～12ページ。

22）障害者自立支援法については、その応益負担の問題をめぐり、当事者及び関係者からの大きな反対運動が展開され、各地で違憲訴訟にまで発展した。そして2010年1月、発足したばかりの民主党政権の鳩山首相との間で和解が成立し、同年4月内閣府に障害当事者を半数以上含めた「障がい者制度改革推進会議総合福祉部会」が設置され、2011年8月に障害者自立支援法を廃止して新たに障害者総合福祉法を制定すべきとの「障害者総合福祉法の骨格に関する総合福祉部会の提言」（骨格提言）が民主党政府に答申された。

23）「障害者権利条約」は、その成立過程に障害者自身のNGO代表が全体の3割という高い比率で参加しており、発言権を獲得していたことに意義があるが、教育の条項において、「分離」と「統合」にかかわって論争が行われたという。盲・ろうを含め、全般的なインクルージョンを求める立場（RIドイツ）と知的障害児や肢体不自由児のインクルージョンは求めるが、盲・ろうの分離教育を積極的に位置付ける立場（世界盲人連合、世界盲ろう者連盟、世界ろう連盟、国際育成会連盟、タイ）に分かれた。世界ろう連盟が求めているのは、ろう者が主役となり、手話を通じて教育を受けられる聾学校であり、盲人からは点字が身につけられる盲学校が必要な選択肢であるという強い主張がなされた（長瀬修、川島聡編著『障害者の権利条約―国連作業部会草案』明石書店、2004年参照）。しかし私は、知的障害児や肢体不自由児なども、盲学校・聾学校などと同様に、子どもが主役となり、子育てにおいて同じ思いや体験をした親同士が集まる、療育施設の場は、これからも重要な役割をはたすと考えている。

24）20）の資料に同じ。

25）正式名称「障害を理由とする差別の解消の推進に関する法律」案については、2013年（平成25年4月26日）に閣議決定し、6月19日に国会で成立した。これを受けて、障害者権利条約への批准が12月4日に国会で承認された。

26）1994年にスペインのサラマンカで開催された特別ニーズ教育に関する世界大会で「個人の差異や困難によらず、すべての子どもを包含できるような教育システムの改善」をはかり、インクルーシブ教育の原則を取り入れることが推奨された。インクルーシブ教育の共通したキーワードは、「多様性（diversity）」で、一部のインテグレーションのように同化が求められるのではなく、あらゆる子どもの特別なニーズを包含できるような学校を創り上げるとともにそうした学校を含む社会の在り方を提起した考え方である。石部元雄、上田征三、高橋実、柳本雄次編「よくわかる障害児教育　第3版」ミネルヴァ書房、2013年、13ページ。

27）高橋実、上田征三、西澤直子「保育所における『気になる子ども』の実態と支援の課題（2）」、日本特殊教育学会41回大会『報告集』746ページ。

28）高橋実、伊藤幸洋、今中博章、中村満紀男「A市の保育所・幼稚園における幼児の特別支援ニーズに関する調査」福山市立大学教育学部研究紀要第1巻、2013年、58ページ。

29）杉山登志朗『発達障害の今』講談社、2011年。

30）宍戸健夫『日本の幼児保育 ―― 昭和保育思想史』下、青木書店、1989年、256ページ。

31）宍戸健夫、前掲書、263〜264ページ。

32）宍戸健夫、前掲書、265〜271ページ。

33）高月教恵『日本における保育実践史の研究 ―― 大正デモクラシー期を中心に』御茶の水書房、2010年を参照。

34）全国保育問題研究協議会編『障害乳幼児の発達と仲間づくり』新読書社、2001年、206〜217ページ。

第6章　フランスにおける子ども主体の「保育学校(l'école maternelle)」

――小学校化する教育政策から「独自性」への転換――

大庭三枝

はじめに

フランスでは、1989年の教育方針法（La loi d'orientation sur l'éducation：通称「ジョスパン法」）の制定が現代フランス初等教育の大きなターニングポイントとして考えられる。この法律は、保育学校から高等教育を一連のものとして扱い、生涯教育、教員養成、学校運営まで含めた教育の基本理念と政策を総合的に規定し、その後の教育政策を方向付けるものとなったからである。

以来保育学校は、明確に教育システムの中に位置づけられ、社会政策や国家財政の調整弁的な施策に翻弄されながら、小学校への準備教育機関としての意味合いを強めてきた。

保育料は無償で3～5歳児のほぼ全員が通い、条件が整えば2歳児も通える保育学校は、幼児期の子どもを抱える家庭にとって、発達保障としての教育的側面だけでなく、子育て支援の重要な柱として社会・経済政策的な役割を有している。保育学校システムと家族給付制度に代表される社会保障体制によるバックアップは、フランスにおける幼児期の子育て支援の両輪として機能しているのである。

しかし、サルコジ政権下（2005～2012）では、保育学校に対する厳しい緊縮財政と教育内容の「小学校化」が推し進められた。これに対して、現場教員はAGEEM（Association Générale des Enseignants des Ecoles et classes Maternelles publiques: 全国公立保育学校教員協会）を中心として、保育学校が小学校化する教育政策の中でも、幼児期の総合的な成長を重視する姿勢を見失うことなく、保育学校生活の豊かさについて研鑽をつみ、創意と工夫で保育学校ならではの取り組みを行ってきた。

そしてジョスパン法から23年を経過した2012年5月に誕生したオランド新政権は、前政権の経済最優先政策で疲弊した教育を立て直すため本格的な教育改革に着手し、2013 − 2014年度の実施を目指して法体系の整備、教職員の大幅増員、教育システムの見直し、教員養成高等教育機関の設置などの実現化に向かって現在邁進している。

このように激動するフランスの保育学校実践に焦点を当てた研究は、次のように意味づけられる。幼児期の保育・教育について、この時期の「子どもの育ち」をどうとらえるか、すなわち「子ども自身が育つ権利」の保障をどのように考え実践しようとしているのかを解明することである。政策上、この小さき者たちに吹き付ける様々な逆風にもぶれることなく、政府の出したProgramme（プログラム：保育学校教育要領）[1)] に準拠しながらも、AGEEM（全国公立保育学校教員協会）は、政府版とは別に独自の解説書を作成した。AGEEM版解説書に込められた理念に基づき、展開してきた「子ども主体」の保育学校実践に関する研究は極めて少ない。

保育学校が教育体系に位置付けられて以来、現場教員が尊重してきた保育学校の「独自性」は、前政権下の教育政策上あまり取り沙汰されなかった。が、現政権においては教育改革のテーマとして「保育学校の使命の再定義」が挙げられるなど、その重要性を増してきている。本稿では、現場教員が大事にしてきた保育学校の「独自性」とはどのようなものか、「子ども主体」の保育学校実践の持つ意味について明らかにしたい。

1 「子育てに追い風の国」フランス

1－1 子育て支援の両輪

「子育ては社会全体の責務」と考え、19世紀末より時代や家庭の変化に対応させながら家族・子ども政策を進化、発展させてきたフランス社会において、この保育学校システムから開始する初等教育制度の整備は、家族給付制度（les allocations maternelles）に代表される社会保障による様々な支援[2)]とともに、子育て支援の大きな柱として子どもと家庭を支えている（大庭、2007）。

フランスにおける保育学校入学前の0～3歳児の保育形態は、実に多様である。地域的な特性にも左右されるが、家庭の事情に合わせて、保護者は様々な保育方法から選択することができる。

施設型保育として集団保育所（les crèches collectives）、企業内保育所（les crèches d'entreprises）、小規模保育所（les micro-crèches）、親参加型保育所（Les crèches parentales）、一時託児所（les haltes-garderies）、こども園（les jardins d'enfants）などが挙げられる。

また家庭型個別保育としての認定保育援助者（les assistant(e)s maternel(le)s）による自宅での保育の他、家庭的保育と集団保育を組み合わせた形態として、家庭保育所（la crèche familiale）に所属する認定保育援助者が自宅で保育する家庭保育サービス（社会性や発達を促す活動のため、子どもを週1～2回家庭保育所に連れて行く）や「保育援助者の家（la maison d'assistant(e)s maternel(le)s <Mam>）」（認定保育援助者4人までが共同で保育する）があり、家庭や子どもの状況に応じて保育形態を選択することができる。（全国家族手当金庫（Caisse nationale des allocations familiales：Caf）が運営する子どもの保育方法に関する情報サイト（mon-enfant.fr）より「多様な保育形態」のページを参照、http://www.mon-enfant.fr/web/guest/modes-garde/presentation）

保育料に関しては、所得や家族状況に応じて負担軽減が行われる上、認定保育援助者を雇用した場合の社会保険料の公的補助制度もある。フランスの社会保障体制で特徴的なのは、子ども・子育て家庭に対する財源が、全国家族手当金庫が組織的に運営する家族給付システムに基づき、他の給付制度（健康、傷害、年金、失業、介護など）とは切り離されて確保され、一元管理されている点である（大庭、2006）。すなわち、子ども・子育て家庭への給付財源は、社会状況や他の社会保障分野に左右されることなく、単独会計として確保されているのである。

では、おおむね3歳から始まる保育学校[3)]はどのような役割を果たしているかというと、フランスでは「就学（scolarisation）」という言葉を保育学校入学時点から使用する。国民教育省（Ministère de l'Éducation Nationale）が管轄する保育学校は義務教育ではないが、保育料は無償（公立）で3歳から

5歳までのほぼ全児童が通っている。保育学校は、高等教育まで続く一連の教育課程のうちでも、子どもたちが経験する最初の公教育として中心的な役割にあるとされている。

こうした人口政策的にも国家の将来を賭けた家族・子ども政策において、社会保障と教育の両側面から関係諸機関の連携を推進する追い風となったのは、何よりも子育て家庭への支援を是とする国民の圧倒的支持であった。フランスの乳幼児期における子育て支援の両輪は、以下のように考えられる。

◎社会保障として家族・児童政策による支援（家族手当金庫による家族給付制度）
　→経済的援助＝家計の収入を増やす
◎発達保障として保育学校制度による支援（国民教育省と自治体が所管）
　→経済的負担をできるだけ少なくする＝家計の出費を抑える

日本の子ども・子育て家庭の置かれた厳しい状況に比べ、社会の構成員として女性が安心して子どもを産み、育てながら働き続けられる社会制度の整備、子どもも安心して学校に通える教育制度体系、そして子どもが育つ環境を支え子育てを支援する国民の「連帯」意識の高さが推進力となって、フランスの合計特殊出生率は、2008年に2.02と欧州最高を記録して以来2010年までほぼ2.0のレベルを維持している（WHO, 2012）（図1参照）。

またフランスでは、収入の安定した共働き家庭ほど子どもの数が多い傾向が見られる（Algava, Bressé 2005）ように、働く母親の労働環境と子育て家庭を取り巻く環境を整備する一環として、保育環境整備や保育学校システムを充実させてきた結果、特に30～40代女性の出産が増え[4)]、出生率を押し上げたといえる（大庭、2008）。

3歳以降は保育学校入学で保障されるが、3歳未満児を持つ共働き家庭への調査（2007）では、子育てのために在宅勤務の他、両親の労働時間をずらしたり、深夜勤務や休日出勤を組み合わせた変則勤務の形態をとるなどの努力によって、子どもとの時間を確保する傾向がみられる。両親以外の保育方法としては認定保育援助者が最も多く、次に保育所、祖父母と続いているが、保育方法を併用するなど、やりくりしている様子がうかがえる（Caisse

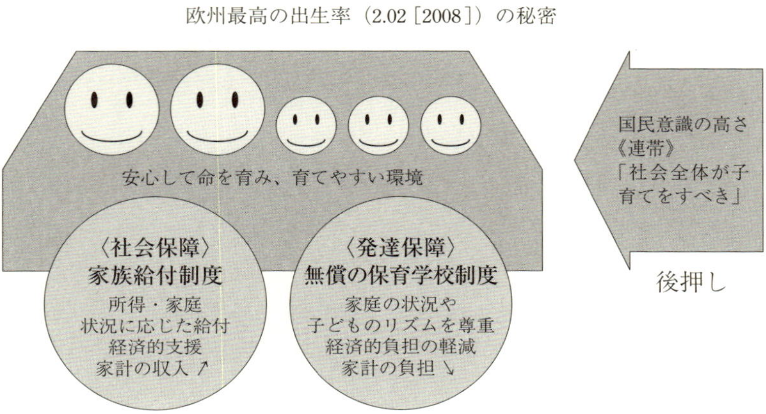

図1　フランスの子育て号（大庭三枝「フランスの子育て支援政策
―家族給付と保育学校の両輪―」第63回日本保育学会発表資料、2010）

national des allocations familiales 2012）。

1－2　両輪の連動性

2008年7月の上院予算委員会でのダルコス国民教育相（当時）の答弁では、保育学校予算の削減を推し進めるために2歳児の保育学校入学を疑問視し「bac+5（バカロレア後5年の高等教育：日本の修士修了に相当）の者に子どもの昼寝をさせたりおしめを替えさせるのはいかがなものか」という発言をし、保育学校教職員の職務内容を全く理解していないことが露呈され、非難の嵐を巻き起こした（Rue89, 2008）。

まず、おしめが取れていることが保育学校入学の条件であり、基本的に排せつ習慣の自立した子どもたちであること、また職務内容は役割分担が決まっており、保健・衛生等「養護」に関わることの多くは保育学校補助員（ATSEM）が担っていることから、ダルコスの発言が正しくないことがわかる。

次に、公的予算の適正配置という観点から検討してみると、サルコジ政権下保育学校への風当たりは厳しく学級の統廃合や保育学校教員の削減により2歳児の就学率は低下の一途をたどった（就学率の変化については、2－1

図2　年齢別保育学校就学率の推移を参照されたい)。

ところが、出生率は2.0を維持し子どもの数は減っていないので、保育学校へ行けない2歳児は社会保障部分における保育サービスの受給者となり、こちらにかかる予算が増加する事態となっている。会計検査院が2008年9月に公表した報告では、子ども一人当たりに換算した公的支出は集団保育所に預ける場合と保育学校に通わせた場合でほぼ3倍の開きがある（保育学校にかかる公的支出が3分の1）としている（la Cour des comptes, Rapport sur l'application des lois de financement de la Sécurité sociale 2008）。

図1で示した子育て号の両輪は保育学校制度の馬力が弱まると社会保障制度がそれをカバーして大きくなり、社会保障部分に投入される国庫支出は増大するのである。保育学校予算の削減だけを見ての判断は早計であり、子育て関連財政は国庫全体のバランスを考えなくてはならない。フランスにおける子育ての安全「運行」について、図1の子育て号の両輪は片方だけでは論じられないのである。

2　フランスにおける幼児教育システムの確立

2－1　教育課程の移り変わり

フランスにおける「保育学校（l'école maternelle）」の起源は、1830年代養護と教育の両方を担っていた「保育所（salle d'asile）」にさかのぼる。保育所は初等教育施設として国の管理下で完全無償化された後、1881年保育学校と改称（藤井穂、1997）、1886年の改正法によって、保育学校は教育施設として初等教育に接続する就学の第一段階として位置づけられた。(Ministère de l'Éducation Nationale.：以下 MEN 1993）

社会的保育としての意味合いが強く、子どもの活動欲求を尊重し、教員は幼児の自ら発達する力を援助するところに、保育学校の独自性がみられた（藤井穂、1997）。1975年には、都市部だけでなく地方でも義務教育前の子どもに小学校併設の保育学級の門戸が開かれ、すべての5歳児が受け入れられることが保障された。これは就学上の困難や障害を見つけ出し、不平等を補償するためとされた。(MEN 1993）

保育学校は幼児を養護し、社会適応できるようにしつけ、義務教育の準備をするという、それぞれ異なる理念を包括しながら、うまく妥協させていたところに保育学校の社会的特質を見ることができる。（Garnier 2009）

準備教育としての保育学校の目的が明確に示されたのは、1986年の保育学校指針（Orientations pour l'école maternelle）である。第一の目的は就学（学校生活に慣れさせること）、第二の目的は社会性の獲得、第三の目的は学習と訓練とされ、教育内容が大幅に整備された。（MEN 1991）

1989年の教育方針法（La loi d'orientation sur l'éducation du 10 juillet 1989：ジョスパン法）で示され1990年の政令において規定された初等教育課程は、保育学校と小学校の接続をより重視した不可分の課程編成となり（MEN 1991）、従来学校別に編成されていたものから抜本的な変更となった。

＊第一学習期（Le cycle des apprentissages premiers：保育学校年少・年中児クラス2年間）
＊基礎学習期（Le cycle des apprentissages fondamentaux：保育学校年長児クラスと小学校1・2年生の3年間）
＊深化した（発展）学習期（Le cycle des approfondissements：小学校3・4・5年の3年間）

の3期で構成され、現在（2012年）に至っている。保育学校は義務教育ではないが、小学校の前段階の初等教育機関として存在するだけでなく、小学校教育と連動して機能することになった。

ジョスパン法では、3歳からすべての子どもが保育学校に受け入れられることが保障された。2歳児はおしめが取れていることが条件ではあるが、都市部・地方に限らず社会的困難層の子どもたちが優先的に受け入れられた（MEN 1993）。すなわち保育学校を社会政策の一環としても機能させようとしたわけである。

1981年に開始された教育優先地域政策においては、社会的困難家庭の子どもたちを2歳から保育学校に通わせる「早期就学」が、将来の学業の躓きを予防する目的で1990年代から2000年代初頭にかけても継続された。しかし、開始当初から2歳児の「学校」生活への適応が問題視され、特に、この政策関連支出については激しい論争が繰り広げられてきた（Garnier 2009）。

2008年のダルコス国民教育相（当時）発言は、こうした早期就学に関する保育学校関連予算の検討も含め、支出削減を目論んだものであったが、国庫全体でみれば一人の子どもにかかる公的支出は削減となっていない。予算の問題よりも、幼児期の心身発達を考えたときに、2歳児の学校生活というものが適切なのか、対応する教職員の資質は3歳以上と同等でよいのか、保育学校そのものの意味を問いかけられている。

図2に示す通り、1970年には5歳児全入学、1980年には4歳児全入学、1994年には3歳児全入学を達成した。この時点で、2歳児の就学率は35.3%であったが、2000年代に入ってからその率は低下しはじめ、2011年には11.6%まで低下した。これは教員に関わる国家予算の緊縮と保育学校補助員（ATSEM：Agent Territorial spécialisé des écoles maternelles）に関わる自治体予算の緊縮の双方が影響していると考えられる。

法律で入学が保障されている3歳児以上と異なり、2歳児はおしめが取れている、クラスに空きがあるなど条件が整わないと受け入れられない。クラ

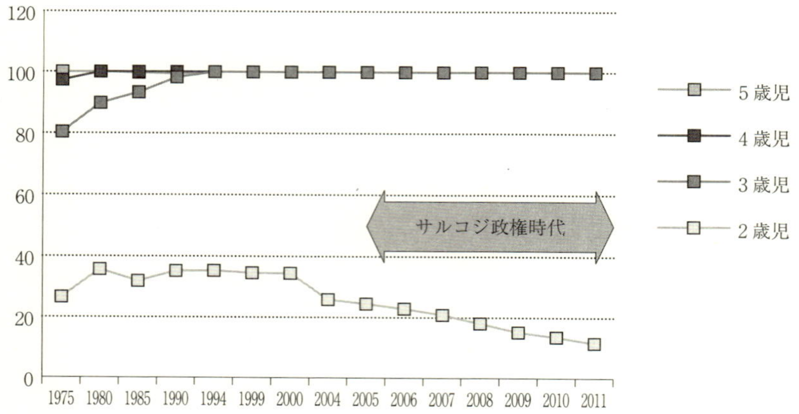

図2　年齢別保育学校就学率の推移

出所：Taux de scolarisation par âge, Repère et references statistiques -édition2012- p. 83より、大庭が翻訳編集して作成。

スの統廃合、2歳児クラスの削減によって、2007年には99080人いた保育学校教員は、2012年には95638人に削減された（Caisse national des allocations familiales 2012）。

サルコジ政権では、2歳の子どもたちに対する政策（福祉、教育等）全体を総合的に検討することなく、結果的に保育学校への「2歳児の受け入れ」部分が緊縮財政のしわ寄せを一手に引き受ける形となり、「教育予算の調整弁」として扱われたと言っても過言ではない。（国庫全体では削減になっていないことは「1－2　両輪の連動性　を参照されたい。）

2012年5月の大統領選を制し誕生したオランド政権は、前政権下で疲弊した教育を立て直すため、真っ先に教育改革に着手した。7月に協議会が招集され、10月には報告書「共和国の学校を作り直そう（“REFONDONS L'ÉCOLE DE LA RÉPUBLIQUE”）」を提出、学校改革のための法案制定に向けて、2013年1月に学校改革の骨子として25の施策方針が打ち出された。（国民教育省、学校改革法の基本方針ページ参照：http://www.education.gouv.fr/cid66812/projet-de-loi-pour-la-refondation-de-l-ecole-une-ecole-juste-pour-tous-et-exigeante-pour-chacun.html）。

この度の教育改革で保育学校に関わって特筆されるのは、前政権で行ってきた経済効率最優先の教職員削減に決別し教育に携わる人材を60,000人増員する（初等・中等教育合わせて）という計画、初等教育を最重要視し教員配備だけでなく保育学校の果たすべき役割を再定義、保育学校の3年間を単一の課程とした点、保育学校への2歳児の受け入れを推進する点である。

1989年のジョスパン法以来、保育学校課程のGS（Grande section：年長児クラス）は、小学校課程（基礎学習期）に組み込まれてきた。しかし、小学校の前段階としてのGS（年長児）ではなく、保育学校3年間の最終学年（集大成）としてのGS（年長児）として、そのアイデンティティを認められたといえる。また、幼児の発達欲求を尊重する姿勢からすると、当然条件整備がかなえば2歳児の受け入れも可能であり、ここに「大人の都合による」保育学校政策ではなく、「子ども主体」の保育学校が実現しようとしている。保育学校には、この時期ならではの学びと育ちがあることを再定義しなおすことが要求されている。

2−2 ジョスパン法を起点とした幼児教育システムの分析

フランスは19世紀の急激な世界的工業化に後れを取っただけでなく、第2次世界大戦緒戦の敗北とナチスドイツによる占領という屈辱的な経験は、フランス人の意識を自国の経済発展へと向かわせ、1950年代以降1980年代半ばまでの国内総生産成長率は、他のヨーロッパ諸国よりも高い水準を保持した（中村、1993）。

しかしながら、当時のアメリカ・日本の2大経済大国に対抗するべく国際経済競争力をつけるために、政府は学校教育を強化して優秀な人材を養成していく必要があると考え、それまでの「三区分教授法」（フランス語・算数の基礎科目、従来の歴史地理・理科・音楽・図工などを統合した発達を促す科目、体育の3領域に分け、基礎科目を午前中に行う）による基礎学力低下を改善し、「学ばせる」学校再建の方針をとった。それを国民は、期待を持って受け入れたのである（藤井佐、1993）。

第2期ミッテラン政権ロカール内閣（1988年6月～1991年5月）においては、国民教育相を首相に次ぐ第2位の国務大臣とする強力な教育改革推進体制を敷き、その任に就いた社会党第一書記リオネル・ジョスパンは、就任直後から新法に取り組み、「教育は国家第一の優先事項である。」という言葉で始まる教育方針法（ジョスパン法）を成立させた（J.O. du 14 juillet 1989）。ジョスパン法では学力向上の鍵を握る教員の待遇も抜本的に改善し、別枠で養成されていた初等学校教員を中等学校教員と同じ養成レベルに引き上げ、「大学付設教員養成学部」（Instituts universitaires de formation des maîtres: IUFM）において一本化した教員養成教育を行うこととした（J.O. du 14 juillet 1989）。

小学校入学前の子どもたちに関して、1989年のジョスパン法による最も大きな変化は、先にも述べたように、3歳から5歳のほぼ全児童が通う保育学校（l'école maternelle）と義務教育の小学校（l'école élémentaire）の教育課程を連結させ、保育学校の最終学年（Grande section）と小学校の1・2年を同一サイクルとして扱った点である。

教科で分けられた小学校の教育内容とは異なり、保育学校では、幼児期の総合的発達を考慮した独自の領域と活動が展開されてきたが、小学校へと続く教育課程に組み込まれたことで、小学校への準備教育機関としての意味合いを強く持つようになった。

ジョスパン法に基づく初等教育課程（L'enseignement primaire：小学校と保育学校）の抜本的な見直しが行われて以来、サルコジ政権終了時まで、全国統一的な教育内容（Programme：日本では学習指導要領、幼稚園教育要領、保育所保育指針の3～5歳「教育」部分に相当）は、時代の流れと国際的な潮流の中で重心の置き方が移行してきている。学力の国際比較が行われ、フランスの子どもたちの学業習得に懸念を抱いた政府は、幼児期の独自性よりも小学校課程との連携を強化し、将来の学業の成功を期して、言語教育に極めて大きな比重を置くようになった。しかし、オランド政権では、保育学校の「独自性」を公約に掲げ、抜本的な改革に着手しようとしている。

3　保育学校プログラム（教育要領）の変遷と子ども観

保育学校においては、1986年まで活動や内容を規定する明確な枠組みは存在しなかったといえる。1977年の国民教育省通達で、保育学校の役割として、しつけ、準備教育、保護の3点が挙げられているが、その具体的内容は言及されていない。（Garnier 2009）

1986年から2008年までに国民教育省から出された保育学校の教育内容について、分析していくと次のようにまとめられる。

3－1　身体活動を媒介としての学び　＜1986年保育学校指針における4活動領域＞

・身体活動（les activités physiques）
・コミュニケーションと話す・書く表現活動（les activités de communication et d'expression orales et écrites）
・芸術的・美的活動（les activités artistiques et esthétiques）
・科学的・技術的活動（les activités scientifiques et thechniques）

1986年保育学校指針（Orientations pour l'école maternelle）で保育学校の目的は、①学校生活への適応（学ぶ喜びを見い出す）、②社会性の獲得（仲間と協力する)、③学習と訓練(自立性や能力を高め、知識を豊かにする)とされている。児童の統合的な発達と小学校への準備教育を目指して、保育学校における活動領域がここで初めて定められたが、具体的な運用および評価についても教員の裁量に委ねられていた。(MEN 1991.)

1989年の教育方針法(La loi d'orientation sur l'éducation)とそれを受けた1990年7月6日付政令で定められた新たな枠組み(3学習期:第一学習期(保育学校年少・年中児クラス2年間)、基礎学習期(保育学校年長児クラスと小学校1・2年生の3年間)掘り下げた(発展)学習期(小学校3・4・5年の3年間))において、教育内容は各教科ごとの縦断的到達目標と、教科を超えた学習期ごとの横断的(総合的)目標の2種類が提示された(MEN 1991)。保育学校と小学校にまたがる3学習期は連動したものとして、領域横断的能力(態度形成、時間・空間認識の獲得、方法論的能力)、言語能力を筆頭に各教科の到達目標が整理された。

国民教育省の解説書(L'enseignement primaire en France, 1993)には、「保育学校ではあそびが重要な位置を占める」とあり、この当時も保育活動において子どもの体験が重視されていることがわかる。

3－2　「能動体としての子ども」・社会性の獲得を重視
＜1995年保育学校プログラムの5活動領域＞

・共同で生活する(Vivre ensemble)

・言語を話し構築する、書き言葉の初歩を学ぶ
(Apprendre à parler et à construire son langage, s'initier au monde de l'écrit)

・環境に応じて体を動かす(Agir dans le monde)

・身近な世界を発見する(Découvrir le monde)

・想像する、感じる、創造する(Imaginer, sentir, créer)

1995年には初等教育各サイクルにおけるプログラム(Programme:教育要領)が規定され(1995年2月22日付省令)、教育内容が詳細に示された。保育学校プログラムでは、活動領域の筆頭に「共同生活」が置かれ、常に保育学校活動の筆頭に挙げられてきた「身体活動」領域はこの年3番目に後退した。

1995年プログラムでは、公民教育の基礎として、保育学校でまず集団生活を学ぶことが強調されている。また、このプログラムから5領域は明確に分割され、小学校課程の教科への接続がより鮮明となった（Garnier 2009）。

小学校プログラムへの構造的接続関係が構築された一方、解説「初等教育における学習期」（Les cycles à l'école primaire：MEN 1991）で丁寧に提示されていた、領域横断的に培われる力（自立・社会性・好奇心・記憶・情報処理）についての記述は、ほとんど見られなくなってしまった。

そして、1992年の政令で位置付けられたことに伴い、教員が教育活動に責任を持つと同時に、養護部分においてはATSEM（Agent Territorial Spécialisé Ecole Maternelle:保育学校補助員）が、子どもたちの援助を行うことが明記された（Vasse 2008）。

1995年プログラムの活動領域は、1986年に提示されたものとは異なり、すべて子どもを主語とした記述となった。子どもが保育学校でどのように生活するのか、動詞を用いて具体的なイメージを持つことができる表現へと発展した。これは子どもの学びを考えたとき、「受動体としての子ども」から「能動体としての子ども」へと、子ども観の発展としてとらえられる。

Charles Perrault（シャルル・ペロー）保育学校（Saint-Cyr-sur-Loire市）で造形活動の準備をするATSEM（保育学校補助員）（2009年9月、大庭撮影）

ATSEMは保育学校生活において、午睡や給食などの生活部分のみならず、活動全般を援助する。教員が子どもたちと活動している間に次の活動の準備を行い、スムーズに活動が流れるよう教員を補助する。比較的規模の大きいCharles Perrault（シャルル・ペロー）保育学校には日本でいうところの図画工作教室があり、人的・物的環境の整備が子どもたちののびのびとした造形活動を支えている。

3－3　言語教育が最優先・成果主義へ<2002年保育学校プログラムの5活動領域>

・学習の中心としての言語（Le langage au coeur des apprentissages）
・共同で生活する（Vivre ensemble）
・身体を使って活動し表現する（Agir et s'exprimer avec son corps）
・身近な世界を発見する（Découvrir le monde）
・感受性、想像力、創造性（La sensibilité, l'imagimation, la création）

2002年プログラム（MEN 2002）では、遂に「学習の中心としての言語（Le langage au coeur des apprentissages）」として言語学習領域が、保育学校活動の最上位に位置付けられた。そして、再び領域横断的な発達に着目した指摘が見られ、学びに向かう態度、知的好奇心、自己肯定感、他者尊重、自立的行動などの育成を目指そうとしている。

保育学校は、子どもたちを第一学習期へ着実に導くだけでなく、続く小学校課程における学習の土台を構成する重要な役割を担っているとされている。感覚的な遊びや活動体験などを通して、基礎的な部分を獲得し再構築する場でもある。遊びを通じた活動により、知らなかったことがわかる、新しいやり方を発見する道筋として、“学ぶことが楽しい”と感じる将来の生徒を育むことを企図している。

また、保育学校では、安全な環境のもと、児童一人ひとりの成長と人格形成のリズムを尊重した調和的な発達を目指している。児童の出迎えから休憩時間、おやつ・給食や午睡の時間にいたるまで、保育学校生活は常に教育の範疇にあるとしている。

1995年プログラムで子どもを主語とした活動領域の表現は、2002年プログラムにおいて3領域に後退した。活動の筆頭に位置した言語学習は、言語を習得する主体である子ども自身に言葉が学習の「中心」だという意識はないであろうし、「学習させたい」側の思いが強く反映された表現と言える。また、感性の領域も1995年表記は子どもが主語だった動詞表現から、名詞形となった。子どもが感じるありのままの世界よりも、感じたことや想像・創造した内容に視点が向けられていると思われる。成果物を重視し、成果主義へと視点が移行しつつあることがうかがえる。

3－4 言語教育の一層強化・関係性の中での理解力
＜2008年保育学校プログラムの6領域＞

・言語を獲得する（S'approprier le langage）
・書き言葉を理解する（Découverir l'écrit）
・生徒になる（Devenir élève）
・身体を使って活動し表現する（Agir et s'exprimer avec son corps）
・身近な世界を発見する（Découvrir le monde）
・感じ取る、感知する、想像する、創造する（Percevoir, sentir, imaginer, créer）

2008年6月9日付省令を受けたBulletin officiel（国民教育省報2008年6月19日）によると、「保育学校は自立を促し小学校課程での学習がスムーズに進められるための知識と能力の獲得を一人ひとりの子どもに援助する」とある（MEN 2008）。保育学校課程の項で述べられた保育学校の本質的目標としては、「豊かに構成され他者に理解可能な話し言葉の獲得」、「他の子どもたちや大人との関係の構築」、「運動能力、感性、感情表現、知的能力、関係性の理解を育てる」、「生徒になる」、「書き言葉の世界を広げる」と5点が挙げられている。

保育学校では子どもたちの多様な発達を支えるため、子どもたちを取り巻く世界を広げ、子どもの興味や疲労を考慮しながら、様々な遊びや探求的活動、創作活動や練習課題などを通じて慣れる、観察する、模倣する、実行する、探究する、試行するといった活動を構成し、学びたいという気持ちと運動欲求、遊ぶ楽しさや達成感などを刺激していく。ここで子どもたちの多様性を認め、自発的な学習欲求を喚起するという姿勢が見られる。しかしこの時期、OECDの国際学力比較の結果をうけ、幼児期からの学びについて、領域間の総合性・横断性よりも、小学校の教科学習を想定した縦断的活動もみられるようになってきた。

1995年プログラムでは「想像する、感じる、創造する（Imaginer, sentir, créer）」、2002年プログラムでは「感受性、想像力、創造性（La sensibilité, l'imagimation, la création）」と3種のカテゴリーで表現されていた感性と創造性の領域は、2008年プログラムでさらに1カテゴリー増え、能動的な感性すなわち「感じ取る・察知する・看破する」といった意味合いが付け加えられた。表現するためのもととなる環境からの刺激を感じるだけでなく、刺激の背景までも理解する力を育てようとしている。言語を中心に身体や感性といった心身両面に関しても、「表現する力」と「表現を理解する力」の育成を重要視した表現となっている。他者との関係性の中で、相手の表現を理解する能力に力点が置かれるようになったことがわかる。

また社会性の獲得も重要であるが、何よりも社会的行動を可能とする言語の獲得に重点がおかれ、活動領域区分では、言語表現と書き言葉の理解力の2領域が挙げられた。この2領域については保育学校段階でも詳細な到達目標が提示され、2002年以降続く言語教育重視の姿勢は一層強化して打ち出された。

社会性の部分も、「共同で生活する（Vivre ensemble）」から「生徒になる（Devenir éleves）」となり、学校生活への適応という意味合いが明確に打ち出されたといえる。

活動領域を示す表現として、2002年プログラムでは「学習の中心としての言語」と「感受性・想像力・創造性」と名詞が用いられていたが、2008年プログラムでは1995年同様、再びすべて動詞で表現するようになった。これは、活動の主体が子どもであるため、子どもの視点から保育学校における活動内容を表す意味合いも含まれていると考えられる。が、言語の領域に関しては、明確な到達目標があり、子どもが「言語を獲得する」という表記でありながら、「獲得させる」という意味合いを含んでいる。

かつて様々なあそびや身体活動を通じて子どもたちは発達していくとして、保育学校生活の中心に置かれていた「身体活動」領域は、中心的な位置を言語教育と社会性の育成にとってかわられつつある。ただ、実際の保育活動をよく見てみると、各領域の到達目標を達成するためには、どの領域においても身体活動を媒介として学びが構成されている。前面には打ち出されてはいないものの、身体的な発達のみならず、知的発達および情緒的発達を支える基礎として、身体活動は機能しているといえる。

表1 保育学校プログラムにおける領域の変遷（1986 ～ 2008）

1986年（4活動領域）	1995年（5領域）	2002年（5領域）	2008年（6領域）
身体活動	共同で生活する	**学習の中心としての言語**	**言語を獲得する**
コミュニケーションと話す・書く表現活動	**言語を話し構築する、書き言葉の初歩を学ぶ**	共同で生活する	**書き言葉を理解する**
芸術的・美的活動	環境に応じて体を動かす	身体を使って活動し表現する	生徒になる
科学的・技術的活動	身近な世界を発見する	身近な世界を発見する	身体を使って活動し表現する
	想像する、感じる、創造する	*感受性、想像力、創造性*	身近な世界を発見する
			感じ取る、感知する、想像する、創造する

参考文献
- Ministère de l'Éducation Nationale. 1993. L'enseignement primaire en France
- Ministère de l'Éducation Nationale. 1995. Programmes de l'école primaire. Bulletin Officiel hors-série, N°5
- Ministère de l'Éducation Nationale. 2002. HORAIRES ET PROGRAMMES D'ENSEIGNEMENT DE L'ECOLE PRIMAIRE. Bulletin Officiel hors-série, N°1
- Ministère de l'Éducation Nationale. 2008. PROGRAMMES DE L'ÉCOLE MATERNELLE- PETITE SECTION.

から大庭が抜粋翻訳編集して作成

4 保育学校現場からのプログラムと子ども観の検討
―― AGEEM版2008年プログラム解説書の分析 ――

4－1 保育学校に関わる職 ―― AGEEM（全国公立保育学校教員協会）の役割とATSEM

保育学校を運営していくために必要な人的環境としては、国家公務員である教員と地方自治体が雇用するATSEM（Agent Territorial spécialisé des écoles maternelles：保育学校補助員）という教職員集団が存在する。

1921年は保育学校史における大きな転換点ともいえる。この年の政令で保育学校教員の地位が確立しこれを契機に同年AGIEM（l'Assocoation générale des institutrices des écoles maternelles publiques：全国公立保育学校教員協会）が設立された。

現在では、活動の方針として、特定の教授法に偏ることなく、会員の教育態度に影響を与えうる様々な研究の情報を提供すること、子どもの発達・成長・学習に寄与する革新的かつ建設的な実践経験を公開すること、常に2歳から6歳の子どもの特性を考慮し、保育者が尊重すべきこの時期特有で多様な欲求を配慮しながら、あらゆる保育活動領域について検討すること、の3点を挙げている。

2006年にAGEEM（l'Assocoation générale des *enseignants* des écoles maternelles publiques）と呼称を変化[5)]させながら質の高い保育実践を牽引する存在として現在も、全国の公立保育学校教員を組織化している。毎年1回全国研究大会を開催し、全国の保育学校教員、研究者、教員養成課程教員らが集い様々な実践研究発表やシンポジウムを行っている。2012年はベルギー国境に近いリール（Lille）市で「保育学校は最初に文化を共有するところ」というテーマで全国研究大会が開催された。

橋をテーマにした保育実践の研究発表
（2012年度AGEEM全国研究大会（Colloque Nationale、Lille市）：2012年7月大庭撮影）

時代の流れに伴い、かつては明確に分かれていた保育学校と小学校の垣根も、性別による役割分業体制も徐々に崩壊し、女性だけであった保育学校視学官への門戸は1972年から、保育学校教員への門戸も1977年から、男性にも開放された。さらに1991年以来国民教育省の視学官は保育学校・小学校の両方を統括することとなっている。

20世紀初頭には「賢く献身的な母親（mère intelligente et dévouée）」として位置付けられた保育学校教員は、1990年以来「学校教育の専門家

（spécialiste des apprentisage scolaires）」として他校種の教員同様 'professeur' と呼ばれるようになった（Garnier 2009）。

これは、幼児を扱う保育学校の教員に対し、義務教育以降と区別していたそれまでの見方から、「教育の専門家」とみなすように変化したことを表している。母親の代わりとしてではなく、幼児期の専門家として保育学校教員も他校種の教員と同等の地位を確立したことになる。これは社会的な子育て観の転換ともいえ、子どもの養育の社会化に対する考え方の進展を示す現象といえる。

それと並行するように、保育学校教員としての独自性の色合いは薄れる傾向にある。1989年のジョスパン法によるIUFM（les Instistuts Unversitaires de formation des maîtres：大学付設教員養成学部）の創設によって、初等学校教員は一元的に養成され、小学校・保育学校どちらにも赴任することになった。小学校から保育学校への移動もあり、事情によっては、午前中保育学校、午後小学校を担当するなど学校種を固定化しない配置も行われている。

1992年の政令ではATSEM（Agent Territorial spécialisé des écoles maternelles: 保育学校補助員）が認められ、設置自治体の雇用による学校衛生および社会的側面からの役割が確立し、保育学校における補助員の雇用環境と地位について見直された。保育学校での養護部分におけるATSEMの果たす役割は重要性を増している。

保育学校を構成する人的環境として、幼児の通う保育学校が担うべき「教育」と「養護（ケア）」の領域について、従来は教員が包括的に担ってきたが、保育学校と小学校の垣根が低くなるにつれて、すなわち保育学校が小学校と連動して教育機関として機能するにつれて、保育学校内における役割分業が進む結果となっている。プログラムに準拠した「教育」部分は教員が、食事・排せつ・午睡・衛生等生活面における「養護（ケア）」部分はATSEMが主に担当するという2層分化が存在している。しかし子どもたちの生活は分断なく流れているので、教員とATSEMの緊密な連携が生活の質と豊かさを左右する。両者が互いに協力・分担しながら子どもの保育学校生活を支えているといえる。

4－2　AGEEM版2008年プログラム（教育要領）解説書の分析
―― 政府版解説書への批判的検討

2008年のプログラム改訂に際して、国民教育省（Ministère de l'Éducation nationale）は保護者用解説書（"QU' APPRENND-ON À L'ÉCOLE MATERNELLE" 2008-2009 LES PROGRAMMES OFFICIELS, 2008）を作成しているが、AGEEM（全国公立保育学校教員協会）は≪保護者との緊密な連携が子どもたちの豊かな保育学校生活を支える≫として、独自の保護者用解説書（Guide à usage des parents, 2008）を保育現場の視点で編集している。これは、現場教員が国民教育省の出したプログラム（教育要領）をどのように捉え実践しようとしているのか、保育学校における保育内容を保護者に丁寧に説明し理解を求めようとしたものとして、保育学校現場の保育観が反映された貴重な資料である。

国民教育省版解説書と同様の記述部分もあるが、AGEEM版解説書の特長として見られる点を分析してみると、もっとも異なる点は、第一に、到達目標よりも幼児の成長欲求を尊重していること、第二に領域を横断した目標設定がなされていること、第3に保護者との連携を重視していること、第4に保育学校生活の具体的な説明がなされていること、の4点である。

AGEEM版解説書では、政府の出したプログラム（教育要領）の説明の前に、この時期の子どもたちをどうとらえるのか、領域を超え総合的・横断的視点でまとめている。細かく規定された到達目標はあくまで手段であって、幼児が過ごす保育学校生活の本質はどこにあるのか、子どもにとって生活そのものが学びであることを保護者にわかりやすく説明している。

4－2－1　体を動かして学ぶことが基本 ―― 毎日が探検の保育学校生活

AGEEM版解説書の最も大きな特徴は、様々な幼児の成長欲求に対応する保育学校活動が具体的にかつ丁寧に説明されている点である。国民教育省版解説書にはこの部分の記述が存在せず、大きく異なる部分である。19ページの小冊子のうち、4ページという大きな分量を割いており、これを読んだ保護者の子ども理解・保育学校理解が進むよう意図されていると考えられる。

尊重すべき幼児期の成長欲求の筆頭に挙げられているのが運動欲求である。

2008年プログラムで身体活動に関する領域は「言語学習」と「社会性」の領域の後におかれたが、現場教員の意識には、依然として幼児が身体活動を通して学ぶことを最重要視していることがうかがえる。（日本でも保育所保育指針および幼稚園教育要領において5領域の筆頭に「健康」が置かれている。）

次に生理学的欲求、情緒的欲求、学習欲求と続き、生活習慣の確立から情緒の安定そして知的好奇心の涵養の順に解説されている。毎日子どもと接する現場教員から見た子どもの「発達」観は、健全な身体的発達が基礎となって生活習慣も確立し、円滑な社会生活が情緒の安定をもたらしたのち、落ち着いて学習へと導かれるという観点だと推察される。

以下に保育学校では子どもの育ちをどのようにとらえているか、AGEEM版保護者用解説書に提示された子どもの発達欲求順にまとめ、その意味を考えていくことにする。（AGEEM Guide à usage des parents, 2008 pp.8-11）

表2　運動欲求と保育学校の活動

＜運動欲求＞	
幼児の姿（活動欲求）　⇒	保育学校で行われること
⇒あそびながら ⇒動きながら ⇒いじりながら 幼児にとっては日々の生活そのものが探検であり、適切なやり方や振る舞いを習得していく	・身体活動 －空間探検（道具の有無による移動） －巧緻性を養うあそび －ルールのあるあそび －ダンス的体あそび ・手を使った多様な活動 －色を塗る、線を引いたり図形を描く、絵を描く －折る、切る、貼り付ける －粘土造形 ・並べ替えや分類 ・休憩時間 －走る －ブランコをする －引っ張る、押すなど

（AGEEM Guide à usage des parents, 2008 p.8, 大庭翻訳編集）

保育学校生活の各場面が子どもにとっては学びであり、特に身体各部を動かすことで日常生活に用いる物の使い方や適切な振る舞いを習得していく。

Charles Perrault（シャルル・ペロー）保育学校（Saint-Cyr-sur-Loire市）の中庭（2007年9月、大庭撮影）
フランスの保育学校では休憩時間校舎に残ってはいけない。部屋から全員追い出され、外で遊ぶ。休憩時間終了とともに教室に入ることが許される。中庭はアスファルトの保育学校が多い。

年中児のペンを使った造形活動（Périgourd（ペリグー）保育学校：Saint-Cyr-sur-Loire市）（2009年10月、大庭撮影）
自分の手の形を様々な色のペンでなぞる。真っ白い紙の上に自分の手の形が色とりどりの模様となって、素敵なデザインの出来上がりとなる。これは筆記動作の導入としての活動で、ペンの持ち方、ペンを使った書き方を学んでいる。

4−2−2　子どもの生理的リズムを尊重 —— 午睡と休息は子どものリズムに応じて

子どもの成長には生理的リズムに合った生活習慣が肝要である。排泄の自立はもちろんのこと、栄養・水分補給と午睡・休息の重要性が明記されてい

表3　生理的欲求と保育学校の対応

＜生理的欲求＞

幼児の姿	保育学校の対応
〔清潔であること〕　⇒ 入学の条件として義務づけられている	・定期的かつ繰り返しトイレに誘う ・身体的自立：自分からトイレに行ける
〔水分・栄養補給〕　⇒ 幼児の成長に栄養は欠かせない バランスの良いおやつが食事以外に必要	・自宅で朝食を食べていない子は学校到着時に食べることが可能 ・朝の栄養は知覚的・言語的・社会的学びを支える ・身体活動の後や必要に応じて水分補給
〔十分な睡眠〕　⇒ 幼児は一日12時間以上の睡眠が必要 午睡は夜の睡眠を妨げるものではない 幼児には記憶や学んだことを定着させるための時間と睡眠が必要	・教室および校内に休息スペース ・午後の最初に休息の時間 ・個々の子どもに応じたアラカルト式休息時間 ・給食後に午睡
〔十分な空間〕　⇒ 幼児には外遊びが必要 屋内にずっと閉じこもっていることは避けなくてはならない	・屋外での身体活動 ・中庭で過ごす休憩時間 ・散歩 ・遠足

（AGEEM Guide à usage des parents, 2008 p.9, 大庭翻訳編集）

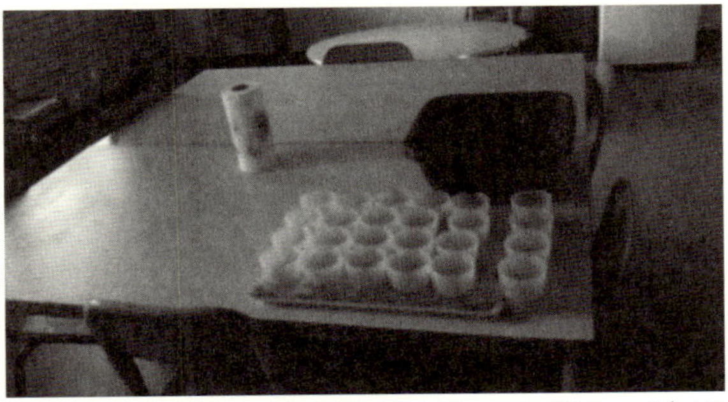

大休憩の外遊び後の水分補給用ブドウジュース（Périgourd（ペリグー）保育学校：Saint-Cyr-sur-Loire市）（2009年10月、大庭撮影）この日年長児クラスは実際にブドウを圧搾してジュースを作った（4－4　小グループ活動の写真参照）。絞ったところで休憩となり、子どもたちが作ったジュースを休憩時間中にATSEM（保育学校補助員）がコップに分配、外遊び後の水分補給に自分たちが搾ったジュースでのどを潤した。

る。その際、月齢に応じた子どものリズムを尊重し、可能な範囲で個別の対応を行っている。生活部分における子どもの援助についてはATSEM（保育学校補助員）の役割が大きい。

午後の活動中、まだ寝ている子も……（Périgourd（ペリグー）保育学校：Saint-Cyr-sur-Loire市）（2009年10月、大庭撮影）
年中児クラスでは昼食後の休息を終えて活動を開始したが、休息の足りない子は教室の隅で午睡している。訪問は2009年10月、担任は、それまで午睡室で午睡していた年少児クラスから新学年になったばかりで体が慣れていない子どもに対し、無理に起こすことをせず、月齢の低い子どもの生理的リズムを尊重した対応をとっている。小グループによる活動については、ATSEMが子どもたちを援助している。

4－2－3　安心から育つ自尊感情と自己実現――「認めてほしい」

保育学校は、家族とは違う集団の中でも安心して生活する経験から、社会性を獲得し、認めたり認められたりする他者との関わりの中から、自尊感情

表4　情緒的欲求と保育学校の対応

＜情緒的欲求＞	
幼児の姿	保育学校の対応
〔認めてほしい、尊重してほしい欲求〕　⇒ 誕生以来の数年間で子どもは知識を獲得し少しずつ自我を形成 個と人格の確立は保育学校の最終的目標の一つ	・施設（教室、遊戯室、中庭）は幼児用に適用されたものであり、複数の大人（教員とATSEM）が見守っている ・「あそびコーナー」は多様な遊びが用意され、ごっこ遊びなどができるようになっている ・必要な場合は子どもの「お気に入り」も持ち込み可 ・保育学校生活の全ての場面で、教職員が子どもの安全・安心確保
〔安全･安心欲求〕　⇒ 子どもの成長は保護されている安心感と結びついている	・子ども一人一人のリズムを尊重 ・障害や病気の仲間とも一緒の生活を学ぶ
〔自尊感情の発達欲求〕　⇒ ＊子どもに必要なこと ・尊重されること、自尊感情を持つこと、他者を尊重する気持ちを持つこと ・活動を通して認められたり、自己実現したり自己評価を高めたり（自分自身の目からも他者の目からも）する経験 ・計画性を持ち、目的や意見、確信を持って自分の考えを表現できること	・学校生活のルール（相手を尊重する、ものを大事にする、集団生活のルールを守るなど）を学ぶ ・子どもが有能感を感じることのできる活動 ・自分の進歩が意識できる配慮 ・成長の評価（成長ノートなど）の活用

（AGEEM Guide à usage des parents, 2008 p.10、大庭翻訳編集）

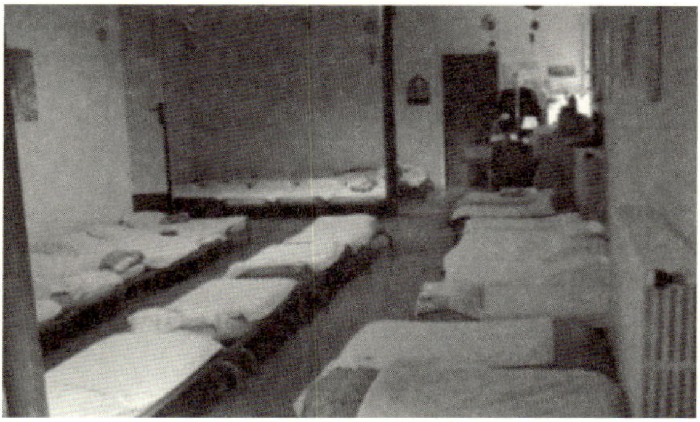

Charles Perrault（シャルル・ペロー）保育学校（Saint-Cyr-sur-Loire市）の午睡室（2007年9月、大庭撮影）
年少児は全員昼食後午睡をする。安心して眠れるように、「お気に入り」のぬいぐるみを持ってきている子も少なくない。

が育つ場でなくてはならない。学びを自ら確認し、自分の意見が表現できる、他者の意見を理解できる態度が形成されるような配慮も必要となる。

4－2－4 コミュニケーションがとれるように、知的好奇心を刺激して学ぶ ―― 子ども自身が理解することが大切

言語習得の大きな目標は、コミュニケーションが取れることであり、自分の考えを表現し相手の考えを理解することが必要となる。また、体験的に

表5 学習欲求と保育学校での活動

<学習欲求>	
幼児の姿	保育学校での活動
〔話したい、コミュニケーションを取りたい欲求〕⇒ 他者との関係を作るにも、考えたり知識を構築したりするためにも話し言葉が必要 書き言葉の仕組みを発見する	・保育学校生活のすべての場面・あらゆる活動は、話し言葉の獲得を中心に行われる （考えていることをよりよく表現するための語彙の獲得と正確性、表現の豊かさ） ・多種多様な教室での活動は書き言葉になじむことをねらいとしている （絵本の読み語り、自分の名前を書く、音韻を楽しむ言葉あそびなど）
〔知的好奇心〕 ⇒ 行動し実験することで、子どもは様々な世界を発見していく	・感覚を刺激する活動（色彩、形状、音など） ・最初の数学的アプローチ（量、数、幾何など）
〔理解欲求〕 ⇒ 自分が実践したことに対して意味づけを行うことができるのが何よりも大切	・活動についてその展開の前後に共同で検討する時間を持つ ・子どもの成果物を継続的に評価する（成長ノートの作成など）

（AGEEM Guide à usage des parents, 2008 p.11、大庭翻訳編集）

教室内の読書コーナー

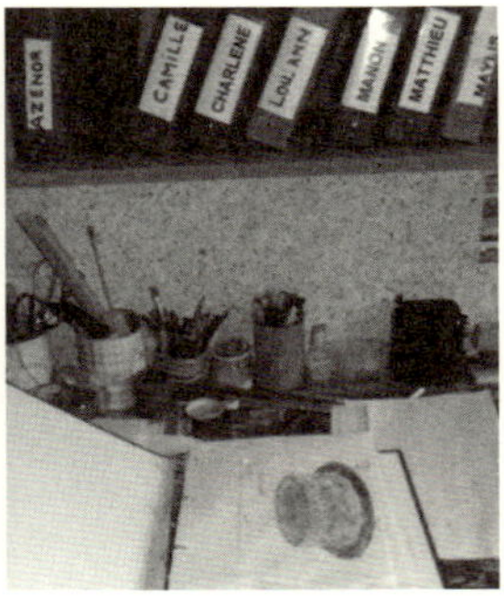

子ども一人一人の成果物ファイル

（いずれも Saint-Cyr-sur-Loire 市、Périgourd（ペリグー）保育学校、2009 年 10 月大庭撮影）
（左）小グループでの活動（アトリエ）が早く終わった子どもは、読書コーナーのソファに座りくつろいだ雰囲気の中で好きな本を読む。子どもによって個別の活動が保障され、自分のペースでゆったりとした時間が流れていく。
（右）教員は、保育活動における子どもの成果物を、一人一人ファイルに綴じ、保護者との会話や発達評価に活用している[6]。

様々な事象を学び、その経験を子ども自身が振り返り自分のものとして消化することができるように構成されなくてはならない。

4－3　各領域の連携と横断的目標の設定

次にAGEEM版解説書の特徴として挙げられるのが、各領域を小学校の教科につながる内容と捉えず、横断的にそれぞれの領域が関連しあって保育学校生活が構成されていることを図示しながら提示している点である。

2008年プログラムについては、見開き2ページ（19ページ中）に各領域の概説と各領域が関連し横断的に育てようとするねらいが視覚的にまとめられている。国民教育省版解説書では77ページ中47ページという極めて大きな分量がプログラム本文の紹介に割かれているのに比して、AGEEM版ではプログラム本文は抜粋のみコンパクトに提示され、中心となる考え方を軸にして各領域（教育内容）がつながる連関図がわかりやすく図示されている。保育者の援助が何をねらいとしたものなのか、またそれを実現するための教育方法と視点も簡潔に明記されている[7]。

AGEEM版解説書に一貫して流れているのは、「主体が子ども」という考え方である。教える立場からではなく子どもを主語にして考えた文章表現で

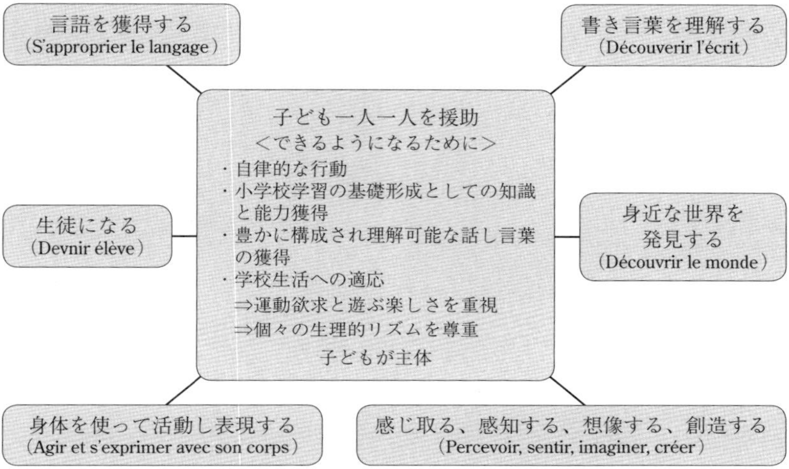

（AGEEM Guide à usage des parents 2008 pp. 16 － 17）：大庭三枝　翻訳・編集

図3　2008年保育学校プログラムの6領域と横断的目標

解説され、この冊子を手にとって見る保護者は保育学校における子どもの生活ぶりがイメージしやすいものとなっている。

国民教育省が出したプログラム内容からの抜粋編集であるが、子どもたちの実態に寄り添いながらいかにプログラム内容を活用し子どもの成長を促そうとしているか、わかりやすく整理されている。

さらにプログラムの取扱いについての解説が付記され、そこには、小学校課程における教科学習と異なり保育学校課程特有の活動領域の考え方が説明されている。各領域は学習内容に応じてより柔軟な時間配分が可能とされ、領域横断的な能力形成が目指されている。

4－4　保育学校生活を支える環境

保育学校のクラスでは、全員揃うと一斉活動から始まる。これは一日の活動の流れや目的を確認するために行うものであり、手遊びや歌などを織り込みながら、次の活動へとスムーズに展開するよう構成される。次にアトリエと呼ばれる小グループの系統的練習活動へと発展し、子どものペースによって個別活動も併用しながら展開される。遠足など、学校外でも行われること

クラス全員で手遊び（一斉活動）（年中児クラス）　小グループ活動（ブドウの圧搾、年長児クラス）
（いずれも Saint-Cyr-sur-Loire 市、Périgourd（ペリグー）保育学校、2009 年 10 月、大庭撮影）

保育学校年長児と小学校１年の交流（小学校訪問）
（Saint-Cyr-sur-Loire 市、République（レピュブリック）小学校、2012 年 7 月大庭撮影）
この日は近くの Jean-Moulin（ジャン・ムラン）保育学校の年長児が教員、ATSEM（保育学校補助員）、参加希望保護者とともに République（レピュブリック）小学校 1 年生のクラスを訪問した。小 1 クラスの保護者もこの日のためにケーキを焼いて参加していた。保育学校年長児は自分たちが学んだ絵本から創作したオリジナルストーリーを披露し、小学校 1 年生は返礼に自分たちが創作した劇を披露した。この日のテーマは「食」。食に関する絵本と劇、保護者手作りのケーキと、子どもたちは五感全てを使いながら学んでいた。

のある単発的な行事的活動も、子どもたちにとっては楽しいものである。

写真に見られるように、保育学校（小学校）と保護者との連携も重要である。保護者との信頼形成が、子どもたちの豊かな保育学校生活を支えているともいえる。引率参加した保育学校年長児保護者は、「自分の子どもは、慣れない環境では落ち着かないので心配して参加したが、親にとっても大変良い経験ができた。小学校に上がる前に、実際の教室や雰囲気を見学することができて安心した。」と語っていた。

ケーキを焼いてきた小学校の保護者は、「子どもたちが喜んでくれて私も嬉しい。この日を楽しみにしていた。」と、授業への積極的参加の姿勢を見せていた。何より新年度入学予定の年長児の保護者は、小学校１年生の保護者とも交流する機会となり、この日の活動は、子どもたちだけでなく、双方の親にとって、学校生活に対する理解を深める有意義な時間になったと思われる。

保健・衛生面、給食、午睡など「養護」に関わる部分のみならず、小グループでの活動や学外活動には、ATSEM（Agent Territorial Spécialisé Ecole Maternelle：保育学校補助員）が補助に入るなど、ATSEMは用具・教材の準備、子どもの世話など教員を補助する。この他、障害を持つ子どもたちには、障害の種類や程度に応じて特別支援担当職や心理専門職が対応する学校もある。登下校時の交通安全員の配置がある自治体もあり、多くの大人が関わることで、保育学校生活が安全に成り立っている。

以上、子ども主体に考えようとするAGEEM版2008年プログラム（教育要領）保護者用解説書を通して、フランスの保育学校を分析してきた。AGEEM版も国民教育省版も保護者対象なので、保護者が読むものとして書かれていることを考慮すると、AGEEM版には教員とATSEMの厳然たる立場の違いが示されている。一方国民教育省版には、「保育学校教員のストライキ権が認められているので教員が不在（事前に通知しておく）の場合、代替教員を国が手配する」ことが明記されている（MEN 2009）。

保育学校には様々な立場の教職員が関わっているが、保護者の前にその立場や権利を明確にし理解を求める姿勢が潔い。日本では立場・職責について保護者にきちんと説明されることはほとんどない。自分の子どもに関わる人たちについて十分な説明もないまま保護者は安心して通わせられるだろうか。フランスの保育学校解説書から、無関心ではいられない問題が日本の保育現場には山積していると気づかされた。

さらに保育学校生活の中で重要な時間として挙げられているのが、「受け入れの時間」である。保護者と子どものことについて話すことのできる大事な時間であると同時に、子どもの心が「家庭の世界から学校の世界へと移行する」時間、すなわち「子どもから生徒に移る時間」なのである。

また、午睡は重要視され、子どもの状況に応じて適切な寝具と安心して眠れる環境整備を配慮している。

一日の中で必要に応じてクラス全員活動を行うが、それは、保育学校は個人が学ぶところであると同時に集団から学ぶことができるという考えに基づいている。「聞く」ということは「聞こえる（耳に入ってくる）」とは違い感覚刺激を通じて心に自分のイメージを描くことなのである。保育学校で教員が念頭に置いているのは、「子どもの頭の中で何が起こっているか、子どもに尋ねなくてはならない」と記されるように、子ども自身が理解した内容を自己認識できるように、子ども同士や教員とまたは両親との会話を創出し、意見交換ができる状況を設定することが必要であると考えている。

動と静、個と集団などの交互性と、子どものリズムを考慮した保育活動の構成は、教員の力量が問われるところである。どの子も能力を発揮できるように教員はその子に合った保育・教育方法を選択し、一人一人が最後までやり遂げ達成感を味わい成果を上げることができるように、援助や見守りの程度を子どもによって変化させることもAGEEM版解説書では押さえられている。

おわりに

AGEEM版保育学校プログラム解説書には、保育学校教育に対する教員の思いや保育観が詰まっている。以下に強調される点を整理してみる。

第一は、保育学校は「子どもが主役である」という視点が貫かれていることである。

子どもの視点に立って幼児期の子ども理解を進めようとする姿勢が顕著である。子どもは何を感じ取ったのか、何を学んだのか、そこから子どもの表現をどう引きだすか、子どもから出てきた表現に何を見いだせるか、こういった視点を常に持ちながら保育実践にあたっている。

第二に、子ども一人一人を大切にする思いであふれている。

発達の個別性に配慮された記述が実に多い。また、それに対応する教育技術と環境整備についても意識されている。一人として同じ発達を遂げる子はいないので、個別の配慮ができるためには、教員のきめ細かい目配りと適切な教育技術だけでなく、ATSEMのような保育活動を補助する職員や関係者を含めた教職員集団のチームワークが鍵を握っている。豊かな人間関係の中で、認められながら育った子どもは自尊感情とともに他者を尊重する気持ちが育ち他者の意見を尊重する態度が形成されると思われる。しかし、人的環境整備についてはATSEMが設置自治体の財政状況に左右されることから、充実度に地域差が大きい。特に2歳児の就学を推進しようとしてきた社会的困難地域については、様々な行政課題を抱え必ずしも子ども政策が最優先ではないところも少なくない。AGEEM版解説書で述べられた子どもの安心・安全を保障するための教職員連携の質・量の保証は、自治体の方針にも大きく左右される。

第三は、子どもの身体活動を媒介にした学びの重視という点である。

子ども自身が様々な体験をし、そこから学ぶという考え方が色濃くみられる。プログラム上は言語教育重視であるが、毎日子どもと接する現場教員はAGEEM版解説書において言語学習を下支えする豊かな生活体験（あそび、探検、時にはいたずらも）の必要性を強く認識している。国民教育省版解説書には見られない、現場教員の保育活動における重心のかけ方が反映されている。そして「身体を使って活動し表現する（Agir et s'exprimer avec son corps）」の領域でも、「感じ取る、感知する、想像する、創造する（Percevoir, sentir, imaginer, créer）」の領域においても身体表現活動が取り上げられており、言語能力と並び領域横断的に必要とされる能力として身体表現力をとらえていることがわかる。身体表現は「子どもの心と頭の中で何が起こっているか」を読み取るための貴重な材料であり、コミュニケーションを成立させるためにも必要不可欠なものである。子どもの将来を考えたとき、保育学校時代にこの力を身につけておくことが重要であると考えられている。

第四に保育学校教員としての誇りが挙げられる。

AGEEMは1921年に設立されて以来、組織的に保育学校教育の質向上のために取り組んできた。解説書には歴史に裏付けられた自負が感じられる。と同時に、保育学校教員とATSEMとの差別化が明示されている。子どもの生活と発達は領域が分断されることなく横断的に展開するにもかかわらず、「教育」部分は教員、「養護（ケア）」部分はATSEMという子どもとの関わりを分断する役割分業制は、両者の緊密な連携が取られない限り、子どもの大事な部分を見落としてしまう部分がある危険性をはらんでいる。保育学校教員は子どもの全責任を負うとするならば、教職員チームの連携についても全責任を負っている。子どもの健やかな発達を願う集団の結束力は、保護者からの理解と信頼を得て、さらなる好影響を子どもに及ぼすであろう。

フランスの保育学校は、幼児の特性を考慮して小学校とは異なる歩みをたどってきた。ところが、「学力」に関する国際的な潮流から、近年保育学校は小学校課程との連結を余儀なくされてきた。領域を定めるものの総合的な発達を見据え、領域横断的な見地で活動を構成してきた保育学校文化と、教科学習で教育する小学校文化との間には相違があり、現場教員は制度上の方針と現実の実践にどう整合性を持たせるか日々模索の渦中にあったが、2012年5月の新政権発足以来急ピッチで進む学校改革では、これまでAGEEMがぶれることなく確信してきた幼児期の子ども主体の保育学校の在り方を再確認する方針を打ち出している。幼児や保育学校が政策の具として翻弄された前政権時代に疲弊しきった教育現場を立て直す学校再建計画は、新政権で着々と進行している。大幅な教職員増は、これまで複式学級や統廃合を余儀なくされていた教育環境の質を向上させようとするものである。発達段階に応じた少人数学級で丁寧に子どもたちを育てようとしている。

フランスは先の30年間を振り返り、真摯な反省から学校を作り直す覚悟で、人的環境整備（教員養成）にも真剣に取り組んでいる。そして最も重要なのは、保育学校は『子どもたちが初めて「学校」というものに触れる初等教育』なのだと、この教育改革に携わるだれもが認識している。「子どもが主体」の改革は現在進行中である。

現政権の教育改革において、保育学校の「独自性」をどのように捉えようとしているのか、保育学校現場へどのように反映し、子どもたちの生活に影響していくのか、という点については、今後の課題として取り組んでいきたい。

注

1）フランスの保育学校については、国民教育省の出すprogramme（プログラム）がその教育・保育内容を規定している。これは、日本でいうところの幼稚園教育要領および保育所保育指針の3～5歳の「教育」部分に相当するものである。日本の保育所が「養護」と「教育」を一体的に行うように、フランスの保育学校も「養護」と「教育」を包含して展開しているが、管轄が日本の文部科学省に相当する国民教育省なので、保育学校プログラム（programme）に対応する日本語として、「保育学校教育要領」と本稿では扱うことにする。

しかし、AGEEM版のプログラム解説書は、政府版解説書よりも保育学校で展開される「養護」と「教育」を丁寧に解説しているので、むしろ日本の保育所保育指針の内容に近いといえる。

2）主な家族給付については、毎年CAF（家族手当金庫：家族給付の財源）資料を確認しているが、給付額は微増しているものの給付要件は厳しくなっており、「**本当に必要としている人に十分届ける**」給付であろうとする姿勢がうかがえる。以下に、主要な家族給付を抜粋して挙げておく。（大庭三枝「グローバル社会に生きる」授業資料（川崎医療福祉大学、2012. 10.31）からの抜粋）

【主な家族給付】CAF（家族手当金庫）HP（http://www.caf.fr/aides-et-services/s-informer-sur-les-aides/petite-enfance）を参照（注：2012年10月末のデータ、1ユーロ=約103円で計算）

<出産関連給付>

＊2004年以降に出生した子について適用されるもの

乳幼児給付（La prestation d'accueil du jeune enfant）

① 出産時（養子縁組時）手当（La prime à la naissance ou à l'adoption）：所得制限あり。妊娠7ヶ月目（養子の場合は受け入れた翌月）に912.12ユーロ（約9万3千円）支給。

② 基礎手当（L'allocation de base）：出産後3回検診（8日目、9－10ヶ月、24－25ヶ月）が義務。所得制限あり。月182.43ユーロ（約1万9千円）を3歳になる前の月まで支給。養子は縁組後3年間（20歳未満）。

③ 自由選択補足手当：家庭の事情に応じて支給

a）保育方法自由選択補足手当（Le complément de libre choix du mode de garde）：子の保育に補助

ア） 6歳未満の子を保育援助者に預けたり、自宅で保育援助者に見てもらう場合、手当支給。子どもの年齢と所得に応じて算定。

イ） 保育援助者を派遣する協会や企業に依頼して6歳未満の子を自宅で見てもらう場合にも、子どもの年齢と所得に応じて、手当が支給。

＊**認定保育援助者**（L'assistante maternelle：**研修を受けた子育て経験者、県による認可が必要**）に見てもらう場合、保育援助者を雇用することになるので、雇った家庭には認定保育援助者の給与にかかる使用者負担分としての社会保険料支払い義務が生じ、これを補助してくれる仕組み。

b）就業自由選択補足手当（Clca：Le complément de libre choix d'activité）：親の就業に補助

子の養育のため退職あるいは時短勤務する場合、1人目から支給。子1人だと出産後6ヶ月間、2人以上だと3歳になる前の月まで支給。ただし、出産直前2年間で老齢負担金を8四半期以上収めていることが要件（2人目は直前4年、3人目以上は直前5年)。失業保険受給者は不可。

ア) 退職：基礎手当受給者383.59ユーロ（約3万9千円)、基礎手当なし560.40ユーロ。

イ) フルタイムの50%未満勤務：基礎手当受給者247.98ユーロ（約2万5千円)、基礎手当なし430.40ユーロ。

ウ) フルタイムの50－80%勤務：基礎手当受給者143.05ユーロ（約1万5千円)、基礎手当なし325.47ユーロ。

＊ Le Colca (complément optionnel de libre choix d'activité)：Clcaとの選択

子どもが3人以上いて退職した場合、基礎手当受給者626.99ユーロ（約6万4千円)、基礎手当なし809.42ユーロ、1歳の誕生前月まで支給。

＜一般扶養給付＞

① 家族手当（Les allocations familiales）：所得制限なし。20歳まで支給。子ども2人から127.05ユーロ（約1万3千円）/月、3人289.82ユーロ（約3万円)、4人452.59ユーロ（約4万6千円)、5人目から一人につき162.78ユーロ（約1万7千円）加算。

＊年齢加算：【1997年5月1日以前生まれに適用】11歳から16歳未満には35.74ユーロ（約4千円)、16歳 以上（学生）には63.53ユーロ（約6千円）が加算。【1997年4月30日以降生まれに適用】14歳から63.53ユーロ（約6千円）が加算。ただし子ども2人の場合、この割増は下の子どもだけに適用。

＊同居加算：3人以上子がいる場合、同居で月857ユーロ（約8万7千円）以下の収入であれば、20歳以降21歳になる前の月まで80.33ユーロ（約7千円）支給。

② 家族補足手当（Le complément familial）：所得制限あり。3歳以上21歳未満の子どもが3人以上いれば、末子3歳の誕生日から165.35ユーロ（約1万7千円）／月。

＜特定目的給付＞

① 新学期手当（L'allocation de rentrée scolaire）：所得制限あり。9月の新学期準備のため6歳以上18歳未満の子ども（学生）一人につき、6～10歳356.20ユーロ（約3万6千円)、11～14歳375.85ユーロ（約3万8千円)、15～18歳388.87ユーロ（約4万円)、所得制限の微小な超過なら減額された手当が給付。6歳でも保育学校なら支給されず。

② 障害児養育手当（L'allocation d'éducation de l'enfant handicapé）：障害を持つ子どもを養育する場合、障害の程度に応じた手当が支給。

③ 住宅補助（Les aides au logement）：所得や家族構成などに応じて家賃や住宅ローンの補助。

④ 引っ越し手当（La prime de déménagement）：3人以上子がいる場合、末子の妊娠3か月から2歳の誕生日前月末までの引越しに手当支給。3人で957.60ユーロ（約9万8千円)、4人目から子ども1人につき79.80ユーロ・/(約8千円）加算。

@この他、増改築費用の援助あり。所得、家族構成、住宅の種類などによって算定。

【その他の家族支援政策】

① 「大家族パス」(La Carte familles nombreuses)：18歳未満の子どもが3人以上の家族に適用、公共交通機関（国鉄、地下鉄、バス)、美術館、映画館、遊園地、ホテル、保険などが最大75%割引

＊「子ども家族カード」(La Carte Enfant Famille)：18歳未満の子ども1人もしくは2

人の家族に適用、国鉄割引、所得制限有り。

② 年金特典：子どもの数に応じて、年金受給額の増額、保険期間の延長、年金受給資格の早期獲得など。

③ 税制上の特典：子どもの数が多いほど税制上有利（所得税の軽減）。子どもの数に応じて住居税などの控除。

（年金、税制上の特典については、大庭三枝「フランスの子育て支援について」福山市立女子短期大学研究教育公開センター年報3号　2006 pp.21 – 26参照）

3）フランスの「保育学校」について、日本では「日本の幼稚園に相当する」（椋野美智子、藪長千乃『世界の保育保障』3章フランス、法律文化社、2012、p70など）とする記述がみられるが、保育内容を比較してみると「幼稚園に相当する」と断じるのは早計である。管轄する省庁が文部科学省に対応する国民教育省であることから、日本で対応するのは幼稚園とされがちであるが、フランスの保育学校では、日本で保育所が担っている「養護」の部分がきちんと保障されており、給食システムと午睡の重視、早朝・延長保育対応など、保育内容と子どもたちの生活はむしろ日本の保育所に近いものであることを注意しなくてはならない。

「わが国では幼稚園と保育所とが、文部科学省と厚生労働省の所轄の2元化により、同じように行われている保育の交流がほとんどない状況」（http://jsrec.or.jp/guide/profile.html）と保育学会HPで指摘されるように、“l'école maternelle”の日本語訳については、同じ資料でありながら学会によって「保育学校」を「幼稚園」にして使う研究者も見られ、学問領域を超えて一致した見解に至っていないのが現状である。フランス保育制度史研究の藤井穂高は“maternelle”の意味を重視し、「母親学校」と訳している。保育学研究者が集い、保育所と幼稚園の「実践者が研究を交流し、その共通化に大きく寄与している」日本保育学会では、“l'école maternelle”に対応する日本語は「保育学校」が相当とおおむね認識されている。

4）フランスにおいて、女性の初産年齢は2010年に30歳の大台に乗り、2011年も30.1歳と上昇する傾向にある。28歳だった20年前から比べると、女性が子どもを産む年齢が高くなっており、35歳以上の出産も増加している。（L'ACCUEIL DU JEUNE ENFANT EN 2011 DONNÉES STATISTIQUES, Caisse national des allocations familiales 2012 p7）。

5）教員の呼称として、かつては初等教育（保育学校・小学校）教員をinstituteur（男性）、institutrice（女性）、中等教育（中学校・高校）・高等教育（大学・グランゼコール）教員をprofesseur（男女同形）と呼んでいたが、1990年以降教員は学校種を問わずprofesseurと呼ぶようになった。‘enseignant’は初等・中等・高等教育を問わず教員一般（国家公務員）をおしなべて表現するときに用いる。

1921年設立時、保育学校教員は女性に限られていたので‘institutrice’と呼んでいたが、1977年以降の男性保育学校教員の導入、1990年代以降の教職全般を‘professeur’と呼ぶ流れの中で、教育専門職としての‘enseignant’を呼称として用いている。

6）教員は子どもの学びの行程を評価するために、関わり合いの程度、意欲、進歩など総合的に判断する。では、何を評価するのかというと、評価することによって探知しようとしているのは特に言語学習における躓きだとしている。保育学校教員は、身体活動を中心にした子どもたちの多様な生活体験を保育学校生活の中で意識して構成しているが、最終的には現行プログラム上言語能力の評価を指標にして子どもの学びを総合的にとらえ小学校教育へつなげようとしているといえる。(2008年プログラム当時)。

7）保育学校教員は各領域ごとに提示された到達目標をばらばらに追いかけるのではなく、全領域を貫く大目標「子どもへの援助」を中心に据えて考えることを、プログラムに準拠して表明している。子どもが何をできるように援助するのか、というと、「自律的に行動できる」、「基礎学習サイクルにおける小学校1年の学習を円滑に進めるための知識と能力を習得する」、「豊かに構成され理解可能な話し言葉を獲得する」、「徐々に学校生活に適応する」と、プログラムに準拠してまとめられている。

では、保育学校での活動は何をよりどころに構成されるのか、というと、「運動欲求と遊ぶ楽しさ」を重視しており、各領域の活動を行う際の姿勢（子どもへのまなざし）は、個々の生理的欲求とリズムを尊重する姿勢が貫かれている。

参考文献

AGEEM, 2008 *Guide à usage des parents*

AGEEM, 2011 *Le Guide de Réflexion du Congrès de Vichy*

AGEEM, 2012 *Catalogue exposions pédagogiques Colloque national Lille*

Algava E., Bressé S., Les beneficiaries de l'Allocation parentale d'education : trajectoires d'activité et retour à l'emploi *Etudes et Résultats,* N° 399 DRESS 2005

Caisse national des allocations familiales, 2012 *L'ACCUEIL DU JEUNE ENFANT EN 2011 DONNÉES STATISTIQUES*

Doumenc E.2011, *50activités avec le regard et le geste à la maternelle* CNDP-CRDP

Foucteau B.,2011, *Une education par et pour le corps*, la revue de l'Éducation physique et du sport, #346 14-16

藤井佐知子、1993「教育と選抜制度」『フランスの社会』早稲田大学出版部

藤井穂高、1997『フランス保育制度史研究―初等教育としての保育の論理構造―』東信堂

Garnier P., 2009 *Préscolalisation ou scolalisation? L'evolution institutionnelle et curriculaire de l'école maternelle*, Revue Français de Pédagogiie N°169 5-15

Garnier P., 2011, a *The scolarisation of the French école maternelle: institutional transformations since the 1970s*, European Early Childhood Education Research Journal vol.19, N°4 553-563
b. *Activité physique du jeune enfant: un enjeu de société*, la revue de l'Éducation physique et du sport,#346 12-13

Le nouvelle observateur http://www.rue89.com/2008/09/15/darcos-les-profs-de-maternelle-ne-changent-que-les-couches

la Cour des comptes ,Rapport sur l'application des lois de financement de la Sécurité sociale 2008

Meyer G., Larois D., L'hélitier E., Mackowiak M., Pestre F., 2010 *Cheminement en maternelle* Hachette

Ministère de l'Éducation Nationale. 1989. La loi d'orientation sur l'éducation

Ministère de l'Éducation Nationale. 1991. *Les cycles à l'école primaire*. HACHETTE
Ministère de l'Éducation Nationale. 1993. *L'enseignement primaire en France*
Ministère de l'Éducation Nationale. 1995 *Programmes de l'école primaire. Bulletin Officiel hors-série N°5*
Ministère de l'Éducation Nationale. 2002 *HORAIRES ET PROGRAMMES D'ENSEIGNEMENT DE L'ECOLE PRIMAIRE*. Bulletin Officiel hors-série N°1
Ministère de l'Éducation Nationale. 2007. *Programmes de l'école primaire. Bulletin Officiel hors-série N°5* http://www.education.gouv.fr/bo/2007/hs5/default.htm
Ministère de l'Éducation Nationale.2008. *PROGRAMME DE L'ÉCOLE MATERNELLE- PETITE SECTION, MOYENNE SECTION, GRAND SECTION. Bulletin Officiel hors-série N°3*
Ministère de l'Éducation Nationale. 2009. *"QU' APPRENND-ON À L'ÉCOLE MATERNELLE" 2009-2010 LES PROGRAMMES OFFICIELS* : CNDP XO Édition
Ministère de l'Éducation Nationale. 2010. *Guide pratique des parents année2010-2011*
Ministère de l'Éducation Nationale http://cache.media.education.gouv.fr/file/2012/39/2/DEPP-RERS-2012-eleves-premier-degre_223392.pdf
Ministère de l'Éducation Nationale http://www.education.gouv.fr/cid66812/projet-de-loi-pour-la-refondation-de-l-ecole-une-ecole-juste-pour-tous-et-exigeante-pour-chacun.html
椋野美智子、藪長千乃、2012『世界の保育保障』、法律文化社
中村雅治、1993「社会構造と政治的変容」『フランスの社会』早稲田大学出版部
大庭三枝、2006、「フランスの子育て支援について」福山市立女子短期大学研究教育公開センター年報第3号；21-26
大庭三枝、2007、「フランスにおける就学前児童の保育状況」福山市立女子短期大学研究教育公開センター年報第4号；91-94
大庭三枝、2008、「フランスにおける保育学校（L'école maternelle）の果たす役割」福山市立女子短期大学研究教育公開センター年報第5号；91-94
大庭三枝、2010、a「フランスの保育学校・小学校における平和教育実践－紙芝居を活用した異文化理解教育の可能性－」福山市立女子短期大学紀要第37号；59-65,
b「フランスの保育学校課程における身体表現教育に関する研究～身体で語り表現する力を育てる～」福山市立女子短期大学研究教育公開センター年報第7号；69-74
大庭三枝，2011,「フランスにおける表現教育の展開～保育学校課程から大切に育てる「感じて表現する力」～」，『児童教育学を創る』福山市立大学開学記念論集；163-183 児島書店
大庭三枝、2013、「フランスの保育学校における表現活動」福山市立大学教育学部研究紀要 Vol. 1；15-22
Sanchis S. 2004 *Jeux de doits, rondes et jeux dansé* RETZ
Vasse T. 2008 *ATSEM-enseignant:travailler ensemble* CRDP PAY DE LA LOIRE
WHO *World Health Statistics* 2012 pp. 160-161

あとがき

都市化、核家族化、少子化、女性就労の増加にともなって子どもの育つ環境は大きく変化し、女子差別徹廃条約にも記されているように、現代では子どもは家庭と地域と保育施設（幼稚園・保育所）が一体となって社会が子どもを育てなければ、子どもは育たないと言われている。そして人間の生涯発達において乳幼児期は人間形成の基礎を培う重要な時期であることが世界的に認識され、就学前教育・保育の重要性が叫ばれている。それだけに乳幼児教育・保育への期待は大きく、保育現場においては質の高い保育が求められている。

しかし我が国の保育現場は、教育の流れから設立した文部科学省管轄の幼稚園と、救貧・防貧のための慈善事業の流れから設立した厚生労働省管轄の保育所に分かれている。この幼稚園と保育所の二元化から一元化への問題は、1926（大正15）年の幼稚園令にもみられるように戦前から取り上げられているが、現在は幼稚園・保育所の3歳児以上の保育内容（5領域）の共通化にとどまり未だ一元化に至っていない。近年の待機児童の増加と保育ニーズの増大にともない幼保一元化の問題は緊急の課題になっている。2006（平成18）年には幼保一体化施設「認定子ども園」が発足し、その数は少しずつ増加し始めている。しかし現在の保育施設は幼稚園、保育所、認定子ども園となっており、残された課題も多い。保育現場においては、この幼保一元化の問題に加えて、早朝保育・延長保育・夜間保育・預かり保育等の保護者からのニーズ、気になる子どもへの対応、子育て支援、学力低下にともなう幼保小連携等課題は山積みである。それだけに現場で働く保育者や保育者養成への期待や担うべき役割は大きい。

我が国の保育者養成は、戦後は主に2年制の短期大学や専門学校で行われてきたが、保育への期待やニーズの増大にともなって、近年は短期大学から4年制大学に移行しつつある。私が勤務していた福山市立女子短期大学保育科も2011（平成23）年に福山市立大学児童教育学科保育コースとして再編され、4年制大学での教育が行われるようになった。しかしその一方で、「保育学は学問領域に達しない」とか、「短大から来た先生は歌って踊ってが中心で何をしているのかわからない」とか、「4年制の保育者養成は2年制の間延びでしかない」と言ったことをよく耳にする。確かに幼児教育学・保育学は教育学に比べて研究の歴史は浅く、教育の流れにある幼児教育学は教育学の盲腸のように取り扱われてきた傾向がある。ましてや0歳児からの乳幼児を対象とする保育学は幼児教育学よりもさらに遅れて、2年制大学から4年制大学の移行の流れに乗って最近になってようやく本腰を入れて研究され始めたと言っても過言ではない。そして最近になってやっと保育学を専門とする大学院ができ始めたところである。それだけに我々保育学を担当するものが保育学の本質を見極めた研究しなければ、保育学はいつまでたっても学問領域に達しないということを実感した。

そこで安川悦子氏（社会思想史）を中心に、福山市立女子短期大学に勤務していた高月（保育学）、高橋（障害児教育福祉学）、大庭（表現教育学）、加納（生活学）と、福山市立大学で共に働き始めた八重樫（児童福祉学）が加わり、2012（平成24）年度からほぼ毎月一回研究会を開き、保育の本質について議論を重ねてきた。安川悦子氏は、福山市立女子短期大学学長で、女性の人権の確立と家族や家事労働の社会化に伴う社会の変化を見据えて、短期大学を4年制大学にするために長年努力をし、福山市立女子短期大学を閉学して福山市立大学開学への道を開いた人である。我々は各々の専門分野から保育の本質について考察を重ねたが、議論をするたびに自身の無力さに涙することしばしばであった。しかし考察に考察を重ねるたびに、保育学の本質に迫ることができたのは確かであった。その成果をまとめたのがこの論文集である。

私は保育学、特に保育実践史研究・保育実践研究を通して保育内容・方法を中心に研究してきたが、ここでは大原孫三郎の経営理念に基づいて保育所「若竹の園」の設立について議論を重ねた。その当時（1925年）大原孫三郎は何を思って保育所を設立したかということについて考察を深めるためである。保育所「若竹の園」は倉敷紡績倉敷工場内保育所（1908年設立）を社員の子どもだけではなく地域に住む子どもたちも利用できるように社会化して1925（大正14）年に設立された保育所であるが、当時はまだ家庭での育児が重視されていた時代に大原孫三郎はすでに「働く母親の人権（労働権）」と「子どもの最善の利益」を保障し、「養育の社会化」を願って保育所を設立したということである。ここから見えてくることは、保育所はなぜ必要かということを追及しなければ保育学の本質に迫ることができないということである。現在少子化による日本の労働力不足が懸念されている。一方いじめ、不登校、学級崩壊、さらに若者の人間関係力の低下や働くことのできない若者の増加といった状況がある。労働力不足についてみると、日本の女性の就業率は低く、幼児をもつ母親の就業率は約50%でしかないと言われている。有能な才能をもちながら社会でその能力を十分に発揮できない女性がまだまだ多いということである。女性の有能な労働力は日本の資源であり、働く女性の人権（労働権）を保障して女性の労働力の開発をすることは日本の経済成長を促進するはずである。そのためには、将来を担う子どもたちを、家庭と地域と保育施設が一体となって社会が子どもを育てなければ子どもは育たない。そして、保育学（保育内容・方法）の視点からは、仕事に喜びを感じ、主体的に生きる子どもが育つように保育しなければならない。私は現在まで保育実践研究として「子どもの主体性と教師のかかわり」とか「子どもの心の育ちと保育者のかかわり」等といったテーマで、個の育ちに焦点をあわせて観察記録に基づいて論文を書いてきた。主体性については、1997（平成9）年の保育者へのアンケート調査に基づいて、次のように一応定義した。「1. 自分からしようとする（自発のスタートラインは心の内面の動きから表れた地点=態度）。2. 人に頼らず自分で行動する（自分で選んで、決めて、実行する）。3. 自分の思いを言葉で表現できる（自己表現・伝達）。4. 友達とかかわって行動する。」。しかし、今回の研究会の議論を通して、保育に求められる内容は、もう一歩深めて、「子どもの主体性は集団のかかわりの中で育つ」ということを再認識しなければならないことを痛感している。少子化だからこそ、子どもは生まれたその時から多様な人との出会いを大切にして、子どもは子どもとかかわりながら集団の中で自己を創造するのだという視点を見逃してはならない。しかも遊びを通してである。子どもにとっての遊びは、最初は楽しい活動であるが、その遊びに目的や目標が加わった時にそれは仕事になる。保育現場において保育者は、遊びから仕事への子どもの主体的な活動を見守りながら、一緒に活動した友だちと共に子どもが達成感、充実感、自己肯定感を味わうことができるように援助する必要がある。乳幼児期の子どものこの経験の積み重ねは必ず仕事への喜びにつながるはずである。少子化の今だからこそ、保育者は子どもが集団にかかわって遊び、しかも協力して遊び（仕事）をやり遂げることができる保育の場（環境）を提供しなければならない。そして研究者は、事実を科学的に考察して、常にその根底に「女性の人権（労働権）」の保障と「養育の社会化」を見据えて、「子どもの最善の利益」を追求して研究することが求められる。

今こそ日本全国の保育現場の保育者と養成校の研究者が手を取り合って、保育の質の向上に努めなければならない。本書は、我々研究同人が各々の専門分野の視点から保育の本質について議論し、考察してまとめたものである。本書が、保育の本質を追求する議論の場の一助になることを願ってやまない。

最後に、本書の共編著者でもあり研究同人として加わっていただき、いつも我々を叱咤激励してご指導いただきました安川悦子先生に、心より謝意を表します。そして、資料を提供していただきました社会福祉法人「若竹の園」の先生方、「こどもの里」館長荘保共子先生、AGEEM会長Isabelle Racoffier先生、Saint-Cyr-sur-Loire市Périgourd保育学校・Charles Perrault保育学校・République小学校の先生方に、心より感謝申し上げます。また、出版にあたりましては、御茶の水書房および橋本盛作氏にお世話になりました。お礼申し上げます。

2013年11月　　高月　教恵

執筆者紹介

安川　悦子　（やすかわ・えつこ）

1936年　横浜に生まれる
名古屋大学大学院経済学研究科博士課程修了、経済学博士（名古屋大学）
名古屋市立大学名誉教授、元福山市立女子短期大学学長
公益財団法人・東海ジェンダー研究所理事

専攻分野　社会思想史、ジェンダー論

主な著書　『イギリス労働運動と社会主義』（御茶の水書房、1982年）
『アイルランド問題と社会主義』（御茶の水書房、1993年）
『女性差別の社会思想史』（安川寿之輔共著、明石書店、1993年）
『フェミニズムの社会思想史』（明石書店、2000年）
『「高齢者神話」の打破』竹島伸生共編著、御茶の水書房、2002年）

髙月　教恵　（たかつき・のりえ）

1948年　大阪府に生まれる
奈良女子大学文学部幼稚園教員養成課程修了後、奈良女子大学文学部教育学科卒業（文学士）
保育所、幼稚園など勤務を経て、公立新見女子短期大学（1999年校名変更により新見公立短期大学）講師・助教授・教授、福山市立女子短期大学教授を経て
福山市立大学教育学部教授

専攻分野　保育学、幼児教育学

主な著書・論文
『日本における保育実践史研究―大正デモクラシー期を中心に』（御茶の水書房、2010年）
『子どもの心によりそう保育・教育課程論』（共著、福村出版、2012年）
「モンテッソーリと倉橋惣三－環境構成を中心に－」『モンテッソーリ教育第37号』（モンテッソーリ協会、2005年）
「IFELの実際―大橋和子によるルイスの講義ノートを中心に―」安川悦子監修『児童教育学を創る―福山市立大学開学論集―』（児島書店、2011年）
「翻刻『若竹の園保育日誌』―大正14年9月4日～12月31日―」『福山市立大学教育学部研究紀要VOL. 1』（福山市立大学教育学部、2013年）

加納三千子　（かのう・みちこ）

1944年　広島県生まれ
広島大学教育学部教育専攻科修了、家政学士
福山市立女子短期大学名誉教授

専攻分野　生活学

主な著書・論文

『地域の力、地域の文化』（共著，児島書店，2010）
「生活構造研究の新しい視点」、『福山市立女子短期大学研究教育公開センター報、準備号』（福山市立女子短期大学研究教育公開センター，2003）
「生活構造研究への新しい視点（第3報）―― 生活の社会化を再考する ―― 」、『福山市立女子短期大学研究教育公開センター報，2号』（福山市立女子短期大学研究教育公開センター，2004）
「高齢者の自立した生活を支える協働のシステムとしての食の社会化」、『2006-2007年度科学研究費補助金報告書』（2008）

八重樫牧子　（やえがし・まきこ）

1948年　広島市に生まれる
関西学院大学大学院人間福祉研究科博士課程後期課程人間福祉専攻修了、博士（人間福祉）
ノートルダム清心女子大学人間生活学部講師、川崎医療福祉大学医療福祉学部医療福祉学科教授を経て、
福山市立大学教育学部児童教育学科教授

専攻分野　児童家庭福祉学

主な著書・論文

『 児童館の子育ち・子育て支援―児童館施策の動向と実践評価―』（相川書房，2012年）
「児童館を利用している子どもの社会性に関する調査研究」安川悦子監修『児童教育学を創る―福山市立大学開学記念論集』（児島書店、2011年、pp.231 － 247）
八重樫牧子他「児童館の利用が子どもの遊びや生活に与える影響」（厚生の指標，第52巻第10号、2005年、pp.7-14 ）
八重樫牧子他「地域社会における子育て支援の拠点としての児童館の活動効果に関する研究」（厚生の指標、第54巻8号、2007年、pp.23-32）
八重樫牧子他「乳幼児を持つ母親の子育て不安に影響を与える要因―子育て不安と児童虐待の関連性―」（厚生の指標、第55巻13号、2008年、pp.1-9）

高橋　実　（たかはし・みのる）
1958年　岡山県井原市生まれ
筑波大学大学院教育研究科修了、教育学修士
東京都杉並区立杉並生活実習所心理技術職、京都大学教育学部研究生、大阪府堺市東部作業所生活指導員、福山市立女子短期大学保育科講師、助教授、教授を経て、
福山市立大学教育学部教授。
専攻分野　児童家庭福祉学　特別支援教育学
主な著書・論文
『よくわかる障害児教育　第3版』(共編著、ミネルヴァ書房、2013年)
『発達に困難をかかえた人の生涯発達と地域生活支援～児童の福祉と教育の連携のために』(御茶の水書房、2010年)
『子ども家庭福祉の扉』(共著、学文社、2009年)
「発達障害児の地域生活支援の課題について—地方の中核都市A市の保護者の意識調査から—」(障害科学研究、第34巻、pp.189-204、2010年)
「A市の保育所・幼稚園における幼児の特別支援ニーズに関する調査」(共著、福山市立大学教育学部紀要、第1巻、pp.55-61、2013年)

大庭　三枝　（おおば・みえ）
1965年　広島県福山市に生まれる
フランストゥール大学DEA教育科学研究科単位取得退学　教育学修士
フランス・トゥレーヌ甲南学園高等部・中等部教諭（社会科、保健体育科、フランス語科）、福山市立女子短期大学保育科准教授を経て、
福山市立大学教育学部准教授
専攻分野　保育・幼児教育学(フランス)、表現教育
主な著書・論文
『母と子の八月八日－福山空襲と母子三人像－』（共著、『母と子の八月八日－福山空襲と母子3人像－』絵本制作委員会、2009年）
「フランスにおける表現教育の展開－保育学校課程から大切に育てる「感じて表現する能力」－」『児童教育学を創る－福山市立大学開学記念論集』（児島書店、2011年）
「フランスの保育学校における表現活動」『福山市立大学教育学部研究紀要 Vol. 1』（福山市立大学教育学部、2013年）
「フランスの保育学校・小学校における平和教育実践ー紙芝居を活用した異文化理解教育の可能性ー」『福山市立女子短期大学紀要　第37号』（福山市立女子短期大学、2010年）
「フランスにおける保育学校（l'école maternelle）の果たす役割」『福山市立女子短期大学研究教育公開センター年報5号』(福山市立女子短期大学、2008年)

編著者

安川　悦子（やすかわ・えつこ）

高月　教恵（たかつき・のりえ）

子どもの養育の社会化——パラダイム・チェンジのために——

2014年2月10日　第1版第1刷発行

著　者　安川　悦子
　　　　高月　教恵
　　　　加納三千子
　　　　八重樫牧子
　　　　高橋　実
　　　　大庭　三枝

発行者　橋本盛作

発行所　株式会社御茶の水書房

〒113-0033　東京都文京区本郷5-30-20

電話 03-5684-0751

Printed in Japan

組版・印刷／製本：タスプ

ISBN978-4-275-01064-3 C3037